PAULAS MAKE-UP MASTERCLASS

FSC
www.fsc.org
MIX
Papier | Fördert gute Waldnutzung
FSC® C106954

Paula Wolf
Paulas Make-up Masterclass

www.edition-a.at

Redaktion und Lektorat: Sophia Volpini
Cover und Gestaltung: Bastian Welzer
Fotos: Elisabeth Lechner, Paula Wolf, Shutterstock
Coverfoto: Lukas Beck

Gesetzt in der Premiera
Gedruckt in Europa

6 7 8 9 10 — 27 26 25 24

ISBN 978-3-99001-703-6

PAULA WOLF

Paulas MAKE-UP MASTER CLASS

für Anfänger und Fortgeschrittene

edition a

INHALT

WIE ALLES BEGANN

Als ich vor etwa zwölf Jahren zum ersten Mal eine Mascara benutzte, konnte ich nicht ahnen, wohin mich meine Reise bringen sollte. Bereits als junges Mädchen schminkte ich mich gerne, mehr als ein Hobby war es allerdings nicht. Wie viele Mädchen fühlte ich mich in der Jugend unsicher, ich war schüchtern und zurückhaltend. Make-up gab mir Selbstbewusstsein, ich konnte aus meiner Schale ausbrechen und lernte völlig neue Seiten an mir kennen.

Ich war schon immer blass. Meine helle Haut und meine roten Bäckchen störten mich vor allem als Teenager. Von blonden Augenbrauen und den kaum sichtbaren Wimpern ganz zu schweigen. Ich wollte Ausdruck in mein Gesicht bringen, weshalb ich irgendwann den Schminkschrank meiner Mutter plünderte. Meine ersten Schminkversuche glichen im Nachhinein betrachtet einem Super-GAU. Sehe ich mir heute Fotos von damals an, frage ich mich, warum mich mein Umfeld so herumlaufen ließ. Mit den Utensilien meiner Mutter wagte ich mich in ein völlig neues Terrain. Die Schlampigkeit des Auftragens, die unpassende Farbwahl und die mangelhafte Ausführung fielen mir damals nicht auf. Trotz mehrerer verklebter Schichten Mascara fühlte ich mich schön. Fast schon wie eine Erwachsene.

Mit 16 Jahren ging es dann weit weg von zu Hause. Es war schon immer mein großer Traum, ein Auslandsjahr in Amerika einzulegen, und tatsächlich sollte sich dieser Traum erfüllen. Ich verbrachte ein Jahr in Pennsylvania, lernte großartige Menschen kennen und entdeckte auch das zuvor nur sporadisch und nach Laune aufgetragene Make-up völlig neu für mich.

In Amerika gab es mehr. Mehr von allem. Die Straßen sind breiter, die Supermärkte sind größer und die Auswahl an Produkten, egal ob Schminke, Schuhe oder Elektronikgeräte, war nicht mit der in Österreich zu vergleichen. Ich war erstaunt darüber, wie viele Pinsel, Blushes und Lidschatten-Paletten es in Pennsylvania gab. Auch die Mädchen auf meiner High-School waren mir und meinen österreichischen Schulkolleginnen in Sachen Beauty einiges voraus. YouTuberinnen, die ihre Schminkroutinen erklärten und Tutorials lieferten, waren in Amerika bereits der Renner, bei uns war das noch nicht im gleichen Stil angekommen.

Sofortige Begeisterung

Eines Tages zeigten mir meine Schulkolleginnen an der High-School die Videos einer damals aufstrebenden Beauty-YouTuberin. Ich fand ihre Ausstrahlung, ihren Kanal, vor allem aber ihre Schmink-Videos faszinierend und inspirierend. Noch am gleichen Tag machte ich mich auf zur Drogerie und kaufte mir alle Produkte, die ich in Wien bis dato noch nie gesehen hatte. Ich begann mich zu informieren, schaute vielen YouTuberinnen dabei zu, wie sie sich selbst schminkten und holte mir Tipps und Tricks, um auch meine Looks zu perfektionieren. Ich probierte jeden Hack und jeden Look an mir selbst aus, bis aus den anfänglich wackeligen Pinselstrichen gerade Linien und aus den ungeschickt aufgetragenen Lidschatten-Übergängen sanfte Farbverläufe wurden.

Meine Freundinnen stellten schnell eine Veränderung in meinem Gesicht fest. Plötzlich war ich die Expertin. Die, die sich gut auskennt. Die, die alle Videos zum Thema Make-up kannte. Die, die bekannt für ihre Make-up-Looks war. Vor dem Prom, dem berühmten Schulball, der in Amerika anders als bei uns nicht nur im Abschlussjahr eine Riesensache ist, schminkte ich die halbe Klasse. Meine Freundinnen liebten ihren Glam, ich war glücklich, ihnen helfen zu können und mein neues Hobby auszuleben.

Eine neue Leidenschaft

Zurück in Österreich ließ die Motivation nicht nach. Das Schminken machte mir weiterhin Spaß. Ständig hatte ich neue Ideen, fand neue Inspiration und verbesserte meine Skills. Kurz darauf absolvierte ich die Matura, das österreichische Abitur. Es war an der Zeit darüber nachzudenken, was ich nach der Schule machen möchte. Ich wusste nicht so recht, was oder ob ich studieren sollte. Aus Mangel an konkreten Ideen entschied ich mich als Überbrückung und aus Interesse, eine Ausbildung zur Make-up-Artistin zu absolvieren. Eine kleine Basisausbildung, um mein Wissen zu festigen. Zeitgleich fing ich damit an, auf der mittlerweile auch in Österreich populären Plattform Instagram meine Looks in Form von Fotos zu teilen. Ich hatte eigentlich kein Ziel, es lag auch kein Motiv dahinter, ich wollte lediglich mein Hobby mit meinen Freunden und Followern teilen und war stolz auf meine selbstgeschminkten Looks. Nach und nach kamen auch Tutorials dazu. Immer mehr Menschen fragten mich, wie ich meine Looks geschminkt hätte, sie wollten Erklärungen und so brachte ich mir das Schneiden und Produzieren von Videos bei und lud meine ersten Make-up-Tutorials hoch.

Unerwarteter Erfolg

Die von mir damals hobbymäßig produzierten Videos kamen, für mich überraschend, gut an. Plötzlich wurde eines meiner Videos zehntausende Male gelikt. Ich war geschockt, gleichzeitig aber auch motiviert und aufgeregt. Mir gefiel die positive Rückmeldung. Trotz meiner noch immer sehr schüchternen Art traute ich mich zumindest über den Bildschirm aus, mit Menschen zu interagieren. Das Zusammenstellen der Videos machte mir besonders viel Spaß und schön langsam entwickelte sich mein Hobby zu einer Berufung.

In Österreich gab es seinerzeit kaum jemanden, der Beauty-Videos oder Make-up-Tutorials auf sozialen Medien teilte. Ich verdiente anfangs auch kein Geld damit, studierte mittlerweile Marketing, nutzte aber dennoch jede freie Minute, um meinen Account zu pflegen, Content zu produzieren und mich weiterzuentwickeln. Während mein Account weiter wuchs und ich ringsherum nur positive Rückmeldungen dafür bekam, erreichte mich die erste Kooperationsanfrage. »Ich kann damit wirklich Geld verdienen?«, zweifelte ich, gleichzeitig war meine Euphorie viel zu groß, um jeglichem Zweifel Aufmerksamkeit zu schenken. Ich wusste: Das ist es, was ich machen möchte. Mein Alibistudium pausierte ich kurzerhand. Ich wollte es wissen. Ich wollte ein halbes Jahr lang meine gesamte Energie und Zeit in meine Leidenschaft stecken und sehen, was passiert. Und siehe da, es hat geklappt.

Rasanter Aufstieg

Mein Studium legte ich auf Eis. Nachdem mir eine bekannte Influencerin von einer neuen App namens TikTok erzählte, musste ich dem Trend folgen. Ich sah mir die App an, versuchte zu verstehen, wie sie funktionierte, und postete meine ersten Make-up-Videos auf der neuen Plattform. Alles war anders, machte aber großen Spaß. Die Videos waren kürzer, bunter, lustiger und lauter. Schon mein drittes Video sollte ein Mega-Erfolg werden. »Zwei Millionen Aufrufe?«, konnte ich es kaum glauben, als ich mir meine Zahlen ansah.

Von dort an ging es stetig bergauf. Meine Videos kamen immer besser an, meine Fähigkeiten perfektionierten sich mit jedem neuen Video und auch meine Follower lernten mich immer besser kennen. Ich war und bin noch heute überwältigt. Kooperationen wurden zur Regelmäßigkeit, ich habe mittlerweile eine ganz eigene Beziehung zu meinen Followern und kann seit etwa drei Jahren gut als Make-Up-Artistin und Influencerin leben.

Verlassen der Komfortzone

Wer mich bereits auf den sozialen Medien gesehen hat, der denkt vielleicht, ich sei selbstbewusst und offen. Ich teile nicht nur meine Make-up-Tutorials, sondern auch Einblicke in mein Leben, meine Reisen und meine Persönlichkeit.

Früher war ich allerdings unglaublich schüchtern und zurückhaltend. Auf meinen ersten Videos konnte meine Stimme kaum vernommen werden, weil ich so leise und vorsichtig gesprochen habe. Auch heute bin ich oft nervös, vor allem im realen Leben. Auf Social Media fühle ich mich mittlerweile etwas wohler. Ich mag die Interaktion mit meinen Followern, durfte so viele nette Menschen nur durch die sozialen Netzwerke kennenlernen und bin dankbar für die Möglichkeiten, die ich durch meinen überraschenden Erfolg erleben durfte.

Vor allem aber das Make-up half mir dabei, meine Komfortzone zu überwinden. Es half mir dabei, mich selbst zu entdecken, herumzuexperimentieren und an Selbstsicherheit zu gewinnen. Außerdem lernte ich meine vermeintlichen Schwächen oder Unsicherheiten, meine helle Haut, meine Sommersprossen und auch meine Augenbrauen zu lieben. Ich lernte, meine Features richtig in Szene zu setzen und nutzte Make-Up fortan weniger um etwas zu kaschieren, sondern eher um meine Besonderheiten zu unterstreichen. Make-Up ist eine Bereicherung für mich, ein Hobby und meine Art, meine Kreativität auszudrücken.

MEHR ALS PUDER UND PINSEL

WAS IST DAS ZIEL MEINER MASTERCLASS?

Make-up gibt es in den verschiedensten Formen und Ausführungen. Angefangen bei einfachem Tages-Make-up, der Wimperntusche, die uns täglich begleitet, oder einem sanften Blush, der uns Leben ins Gesicht zaubert. Make-up erlaubt uns, uns zu verwandeln, in Rollen zu schlüpfen, einen Tag lang Prinzessin, Monster oder Minion zu sein. Make-up beschert uns unvergessliche Momente in Kinosälen und vor dem Fernseher, es kreiert Charaktere, schafft Dimensionen und kann aus einem Menschen etwas völlig Neues und anderes machen. Das Schminken und Schmücken des Gesichts liegen außerdem einer langen Tradition zugrunde. Make-up schrieb Geschichte, half uns Frauen dabei, uns zu emanzipieren und brachte uns Eigenständigkeit und Selbstwillen.

Make-up ist also eindeutig mehr als nur Puder und Pinsel. Es formt Individuen, ist Teil unserer Popkultur und half bereits Millionen von Menschen dabei, sich selbst zu finden und zu verwirklichen. Auch wenn meine Eltern damals daran zweifelten, ob ich mit ein paar Videos, in denen ich mir das Gesicht anmale, Erfolg haben könnte, so habe ich es geschafft. Nicht etwa, weil ich das System der sozialen Medien durchschaute oder es darauf anlegte, schnell zu wachsen, nein, weil ich es aus einer Leidenschaft heraus tat und meine Fortschritte, Tipps und Tricks mit meinen Followern teilen wollte. Mittlerweile sind auch meine Eltern sehr stolz auf mich und meine größten Supporter.

Meine Mission

Meine Mission ist es in erster Linie, Freude zu verbreiten. Ich möchte mit meinen Followern und nun auch mit dir meine positive Lebenseinstellung und meine Expertise in Sachen Make-up teilen. Ich möchte dir sowohl meine verrückten Charakter-Looks als auch einfache Tages-Make-ups Schritt für Schritt näherbringen und zeigen, dass Make-up für alle da ist. Egal wie gut oder schlecht, wie erfahren oder unerfahren du mit Pinsel und Puder bist.

Kleine Feinschliffe

Viele meiner Follower fragen mich regelmäßig nach Tipps. Sie wollen wissen, welche Produkte sie kaufen sollen, worauf sie beim Auftragen von Puder oder Foundation achten müssen und wie sie ein Smokey Eye oder eine Cut Crease hinkriegen.

Oft fehlt es ihnen nicht an Skills, sondern an Know-How. Jeder muss zwar das tun, was ihm gefällt und jeder Geschmack ist anders, dennoch gibt es ein paar Kleinigkeiten, die beachtet werden sollten und Tricks, die uns das Leben leichter machen. Von der Wahl der richtigen Foundation-Farbe bis hin zum Einsatz von Komplementarfarben, sind es oft nur kleine Änderungen in der Routine, die einen großen und sichtbaren Unterschied machen können.

Ich weiß noch, als ich nach Amerika kam und die Blogger und Menschen sah, die ihr Make-up bereits perfektioniert hatten. Ich hielt es für unmöglich, selbst auch einmal ein solches Level zu erreichen. Heute weiß ich, alles ist möglich. Ich möchte auch dir beweisen, dass du ein Profi werden kannst. Die Welt des Schminkens ist groß. Ich lerne selbst nie aus und werde täglich mit neuen Trends, Methoden und Produkten konfrontiert. Sich in diesem Chaos zurechtzufinden, ist nicht immer einfach.

Mit meiner Masterclass will ich genau das ändern. Ich will das Chaos beseitigen und einen allgemeinen Einblick in die Materie bieten. Ich will Anfänger-Tipps teilen und Skills für Fortgeschrittene präsentieren. Außerdem möchte ich dir meine liebsten Halloween- und Faschingslooks zeigen und dich auf dein nächstes Festival oder deine nächste Party-Nacht vorbereiten.

Zuerst werden wir uns aber den Basics widmen. Ich möchte dir zeigen, welches Equipment essenziell ist, worauf du bei der Wahl deiner Produkte unbedingt achten solltest und wie du deinen Hauttyp definierst. Folgend werde ich dir anhand von Tutorials verschiedene Looks präsentieren und dir außerdem einen Einblick in meine ganz persönliche Beauty-Routine gewähren.

Make-up ist so viel mehr als Puder und Pinsel. Lass uns gemeinsam in die Welt des Make-Ups eintauchen.

DAS EQUIPMENT

WAS ES GIBT UND WAS DU BRAUCHST

Flüssige Foundation oder Puder? Blush oder Bronzer? Pinsel oder Schwamm? Beim Kauf von Produkten ist Überforderung vorprogrammiert. Über die letzten Jahre hinweg hat sich die Beauty-Industrie massiv vergrößert, Influencer-Marken und Produktlinien von Stars gingen durch die Decke und veränderten den Markt. Ständig erscheinen neue Kollektionen. Jede Woche liegt ein neuer Pinsel, ein anderer Blush oder eine neue Mascara im Trend und Normalverbraucher haben keinen Überblick darüber, welche Produkte tatsächlich notwendig sind und auf welche sie auch verzichten können.

Make-up ist mein Alltag. Würde ich nicht in dieser Branche arbeiten, hätte ich nicht so eine Leidenschaft dafür, wäre ich, wie vielleicht auch einige von euch, planlos, wenn es um die Produktauswahl geht. Auch ich kenne nicht alle Marken und Versionen der neuesten Produkte, einen kleinen Einblick möchte ich dir aber trotzdem mitgeben.

Make-up ist etwas sehr Individuelles. Welche Produkte für dich tatsächlich die richtigen sind, hängt von vielen Faktoren ab. Dein Hauttyp, dein Unterton, aber auch dein genereller Typ und Stil spielen genauso wie deine persönlichen Präferenzen in die Entscheidung mit ein. Bevor wir uns allerdings genauer mit der Typfindung und deinem Hautbild beschäftigen, sehen wir uns erst einmal an, zwischen welchen Produkten wir überhaupt entscheiden können.

FÜR DIE HAUT

Unser Gesicht bildet die Basis unseres Make-ups. Wir können unsere Haut glätten, Pickel verstecken und Fältchen reduzieren. Außerdem können wir unsere Augenringe im Handumdrehen verschwinden lassen und uns mit den passenden Produkten einen natürlichen Glow verschaffen.

PRIMER

Der Primer ist die Grundlage. Er bereitet dein Gesicht auf das Auftragen weiterer Produkte vor. Außerdem sorgt die meist farblose Grundierung dafür, dass das Gesichts-Make-up länger und besser hält. Er kaschiert kleine Hautunebenheiten, füllt feine Linien, verfeinert das Hautbild und lässt die Haut im Ganzen frischer und glatter aussehen. Wie bei allen Make-up-Produkten setzen die unterschiedlichen Primer auch verschiedene Schwerpunkte. Manche Primer sind eine Art Weichzeichner, manche mattieren das Gesicht, andere wiederum machen die Haut glowy oder sticky.

In meinen Augen ist der Primer eine tolle Basis. Dennoch ist er nicht unbedingt ein Muss. Es kommt immer auf das eigene Gefühl und dein Make-up an. Hast du Probleme mit deiner Foundation oder kann deine Haut generell Make-up nicht gut aufnehmen, kann ein Primer Abhilfe verschaffen. Sieht dein Make-up aber auch ohne

Primer schon sehr gut aus und hält über den Tag hinweg gut auf deiner Haut, kannst du ihn auch gerne weglassen. Der Primer ist also kein Muss, aber ein nettes Extra, um dem restlichen Make-up eine gute Basis und langanhaltende Deckkraft zu garantieren.

FOUNDATION

Die Foundation ist das, was viele von uns unter »Make-up« verstehen. Während Make-up eigentlich ein Überbegriff für alles ist, ist die Foundation eben jene hautfarbene Creme oder jenes Puder, welches wir direkt, meist als erste Schicht, auf unsere Haut auftragen.

Foundation gibt es in unzähligen Formen und Ausführungen. Während die einen auf die flüssige Version setzen, bevorzugen andere die Mousse- oder Pudervariante. Ich persönlich nutze mittlerweile für

mein Alltags-Make-up kaum Foundation. Für spezielle Looks kommt sie natürlich schon zum Einsatz, da setze ich dann entweder gerne auf sehr deckende, flüssige Foundation, oder aber auf Puder, welches einen guten Gegenspieler zu meiner fettigen Haut darstellt.

Welche Foundation für dich infrage kommt, hängt zum einen von deinem Hauttyp, den wir noch gemeinsam ermitteln werden, zum anderen aber auch von deinem persönlichen Tragegefühl ab. Sowohl flüssige Foundation als auch das Mousse können sich schnell sehr schwer anfühlen, was einige Menschen als unangenehm empfinden. Puder wiederum kann vor allem trockene Haut noch mehr austrocknen und Krümel bilden. Am besten testest du verschiedene Ausführungen und versuchst so selbst herauszufinden, welche Foundation für dich am angenehmsten ist.

BB-CREME

Die BB-Creme ist ein Mix aus Foundation und Gesichtspflege. Die getönte Tagescreme ist leicht aufzutragen und zaubert im Handumdrehen einen natürlichen, ebenmäßigen Teint. Gleichzeitig pflegt sie die Haut und spendet Feuchtigkeit.

Die meisten BB-Cremes enthalten Vitamine und wertvolle Mineralstoffe. Sie sind in verschiedenen Farben und für verschiedene Hauttypen erhältlich und können sowohl mattieren als auch natürlichen Glow versprechen.

In meinen Augen sind BB-Cremes perfekt für Anfänger. Sie können ohne Probleme direkt mit den Fingern aufgetragen werden, sie hinterlassen keine groben Linien oder Klumpen und fühlen sich sehr leicht auf der Haut an. Auch reife oder gereizte Haut profitiert von der pflegenden Foundation. Wer generell ein sehr ebenes Hautbild und kaum Makel zu verstecken hat, kann ebenfalls auf diese Creme zurückgreifen.

PUDER-FOUNDATION

Bei sehr öliger und fettiger Haut empfiehlt sich anstatt flüssiger Foundation oder auch der BB-Creme, hautfarbene Puder-Foundation. Diese verbindet die Deckkraft der Foundation und das Mattieren des Puders in einem. Sie kann mit einem Schwamm oder Pinsel aufgetragen werden und ist sehr zeitsparend in der Anwendung.

CONCEALER

Der Concealer (to conceal = verdecken) hat in meisten Fällen eine höhere Deckkraft als eine Foundation. Er wird anders als die Foundation nur punktuell eingesetzt, um Augenringe, Fältchen, Rötungen oder kleine Hautunebenheiten zu kaschieren und den Teint aufzufrischen. Für mich ist der Concealer ganz klar fester Bestandteil meiner

Routine. Vor allem wenn es schnell gehen muss oder ich einen dezenten Alltagslook schminke, ist der Concealer meine Basis.

PUDER

Puder mattiert in erster Linie die glänzenden Partien im Gesicht und verfeinert den Teint. Außerdem nimmt es überschüssiges Fett auf. Ich beispielsweise habe eher ölige Haut, weshalb eine Schicht Puder nach Foundation oder Concealer nötig ist, um Glanz zu reduzieren. Ich empfehle das Puder vor allem in der T-Zone, also auf Stirn, Nase und Kinn aufzutragen. Damit die Haut nicht völlig trocken aussieht, können nicht fettige Gesichts-Partien zum Großteil ausgespart werden.

Puder sind meist sehr einfach in der Anwendung. Es gibt sie in gepresster Form, welche besonders für

Anfänger gut geeignet sind. Auch lose Puder gibt es in jeder Drogerie. Bist du dir nicht sicher, welches Puder am besten zu dir passt, solltest du eine Zeit lang verschiedene Produkte ausprobieren und dabei auf deinen Hauttyp achten.

SCHWAMM, PINSEL ODER FINGER?

Beim Auftragen von Puder, Foundation oder BB-Creme scheiden sich die Geister. Während die einen auf den Schwamm schwören, kommt für die anderen nur der Pinsel in Frage. Aber auch Pads oder meine persönliche Geheimwaffe, die Finger, können einen guten Dienst leisten. Auch wenn es unzählige Ausführungen aller Pinsel, Schwämme, Powder Puffs und Silikon-Blender gibt, möchte ich dir zumindest einen Einblick in die Grundausstattung geben und dir aufzeigen, was du wann und wofür verwenden kannst. Wie immer gilt aber auch hier in erster Linie: Das, was du als angenehm empfindest, ist die beste Wahl für dich. Make-up ist etwas Subjektives, persönliche Präferenzen und ein gutes Gefühl sind der beste Indikator für deine Entscheidungen.

DER SCHWAMM

Das Make-up-Schwämmchen, oder aufgrund seiner Form auch Make-up-Ei genannt, ist seit einigen Jahren eines der beliebtesten Tools, um Foundation aufzutragen. Ich persönlich bin auch ein großer Fan des Schwamms, denn die Handhabung ist ziemlich einfach, er verblendet einwandfrei und fühlt sich sehr angenehm auf der Haut an.

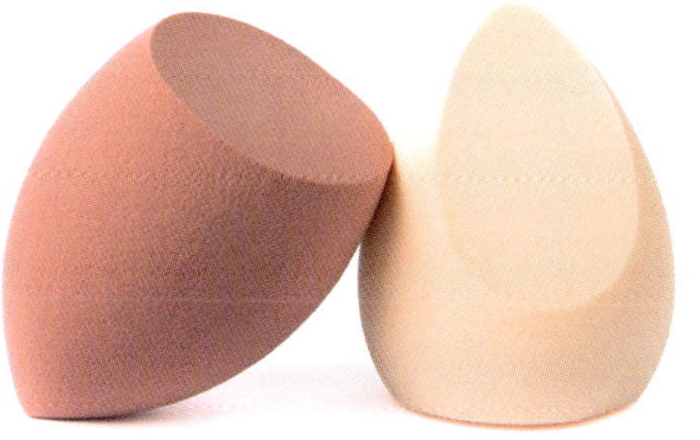

Um den Schwamm richtig einzusetzen, befeuchte ihn zuerst mit etwas Wasser und wringe ihn danach aus oder drücke ihn auf ein Handtuch. Achte dabei darauf, den Schwamm nicht zu nass zu verwenden. Theoretisch kannst du ihn auch ohne Befeuchtung benutzen, ich persönlich finde es allerdings viel angenehmer für die Haut. Außerdem lässt sich Make-up besser einarbeiten, ist der Schwamm leicht feucht. Nun kannst du entweder etwas Concealer oder Foundation direkt auf den Schwamm geben, von deinem Handrücken aufnehmen, oder dein Make-up zuerst im Gesicht verteilen, bevor du es mit dem Schwamm verblendest. Tupfe dafür den Schwamm sanft auf die entsprechenden Stellen und verblende, indem du Concealer oder Foundation mit leichten Tupf-Bewegungen gleichmäßig in dein Gesicht einarbeitest.

DER PINSEL

Der Make-up-Pinsel hat den Vorteil, dass er nicht so viel Foundation aufsaugt wie der Schwamm. Das Auftragen des flüssigen Make-ups mit dem Pinsel ist allerdings herausfordernder. Es verlangt nach guter Technik, ansonsten bilden sich sehr schnell Streifen im Gesicht. Wer dennoch gerne mit dem dichten und fest gebundenen Pinsel arbeiten möchte, sollte idealerweise Make-up von seinem sauberen Handrücken aufnehmen. Starte am besten mit einer geringen Menge. Wenn du noch mehr Deckkraft benötigst, kannst du diese Schritt für Schritt aufbauen. Arbeite die Foundation sanft in die Haut ein. Achte dabei unbedingt darauf, nicht zu fest aufzudrücken und keine Partien auszulassen, um gleichmäßige Übergänge zu schaffen. Hast du den Dreh mit dem Pinsel raus, kannst du ein wunderschönes Finish mit viel Deckkraft erreichen. Auch Mousse oder Puder lassen sich mit dem Pinsel verteilen, bei Puder solltest du allerdings unbedingt auf einen großen, fluffigen Pinsel wie zum Beispiel den Kabuki-Pinsel setzen.

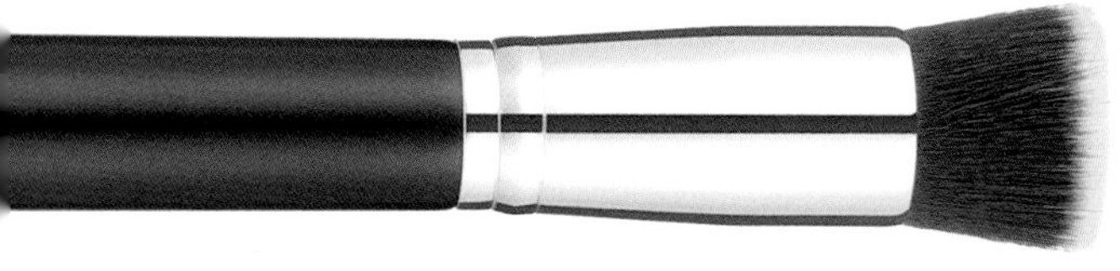

Für flüssige Foundation

DIE FINGER

Die eigenen Finger werden in meinen Augen unterschätzt, wenn es um das Auftragen von Make-up aller Art geht. Sie sind ein tolles Tool, sowohl für das Auftragen von Foundation als auch von Blush, Lidschatten oder Lippenstift. Im Prinzip können sie für alles eingesetzt werden. Allerdings dauert es etwas länger, mit der kleineren Fläche der Fingerspitzen Make-up, Foundation oder BB-Creme zu verblenden.

Ränder können entstehen, daher gilt es genau zu arbeiten und Kinn und Wangen gut zu inspizieren, bevor du deine Routine beendest.

Verwendest du generell eher weniger Foundation oder nur etwas Concealer unter den Augen, sind die Finger ein ausgezeichnetes Werkzeug. Verwendest du sehr viel gefärbtes Make-up, ist es auf jeden Fall praktisch und ratsam, auf ein effizienteres Tool wie einen Pinsel oder Schwamm zurückzugreifen.

FÜR DIE AUGEN

»Die Augen sind der Spiegel unserer Seele«. So kitschig dieses alte Sprichwort auch klingen mag, so viel können unsere Augen doch ausdrücken. Vor allem dann, wenn wir mit den richtigen Produkten und Techniken etwas nachhelfen.

Egal ob Lidschatten, Eyeliner oder Mascara, die Palette an Produkten, mit denen wir unseren Augen mehr Ausdruck und Tiefe verleihen können, ist schier unendlich. Pinsel, Zangen und Bürsten helfen dabei ungemein. Im Folgenden ein kleiner Einblick in jene Produkte, die beim Schminken der Augen nicht fehlen dürfen.

LIDSCHATTEN-PRIMER

So wie unsere Haut nach Face-Primer verlangt, brauchen auch unsere Augenlider eine Basis, bevor wir weitere Produkte auftragen.

Der Lidschatten-Primer bereitet unsere Augenpartie bestmöglich auf den Lidschatten vor. Er sorgt nicht nur für ein gleichmäßigeres Finish, sondern verlängert außerdem die Haltbarkeit des aufgetragenen Lidschattens. Die Farbe erscheint oft intensiver und bröselt nicht ständig während des Schminkens in das Gesicht. Um den Primer auf deinen Lidern zu verteilen, nutze entweder den gelegentlich beigefügten Applikator, deine Finger oder ein Tool, um ihn sanft zu verteilen. Tupfe ihn mit dem Finger leicht ein und schon steht einem aufregenden Augen-Make-up nichts mehr im Weg.

Ich empfehle als Alternative gerne Concealer. Du kannst ihn wie einen Primer auf deinem Lid verteilen und er erzielt einen ähnlichen Effekt. Für ein einfaches und einfärbiges Tages-Make-up mit wenig Lidschatten ist ein Primer aber nicht unbedingt notwendig.

LIDSCHATTEN

Die Lidschatten, die wir auf unserem Lid verteilen, gibt es in verschiedensten Farben, Konsistenzen und Variationen. Je nach Augenfarbe und -form variiert der individuell passende Lidschatten von Person zu Person. Auch die persönliche Präferenz spielt bei der Wahl des passenden Lidschattens eine wichtige Rolle. Welche Lidschattenfarbe zu welcher Augenfarbe passt, werden wir später noch in Erfahrung bringen. Außerdem werde ich dir anhand eines ausführlichen

Tutorials zeigen, wie du dein perfektes Smokey Eye schminkst. Prinzipiell gilt, kennst du die Komplementärfarbe deiner Augenfarbe, so liegst du nie falsch bei der Wahl des richtigen Lidschattens. Neutrale Farben wie Braun-, Schwarz- und Rosatöne sind auch nie ein Fehler. Außerdem können helle, schimmernde und glänzende Farben wie Gold-, Platin- oder Bronzetöne nicht nur tolle Akzente zaubern, sondern das Auge größer und strahlender wirken lassen, da sie das Licht reflektieren.

Bei der Wahl des richtigen Lidschattens solltest du vor allem auf die generelle Verfassung deiner Augen achten. Die wohl beliebteste Art ist der klassische Lidschatten in Puderform. Tendierst du zu einer trockenen Augenpartie oder schnell tränenden Augen, empfehle ich dir aber auch Creme-Lidschatten. Die cremige Konsistenz hält besser auf deinen Augen, schont die trockene Haut und bröckelt weniger.

Verzweifle keinesfalls, wenn du das Gefühl hast, dein Lidschatten bröckelt trotz Primer und passender Auswahl. Das passiert auch mir, denn manchen Produkten fehlt es schlicht an Qualität. Es ist nicht deine Schuld, wenn der Lidschatten nicht hält, keine Farbe abgibt oder ein fleckiges Finish hinterlässt. Manchmal musst du eben so lange suchen und probieren, bis du ein Match für dich gefunden hast.

Ein kleiner Hack für das Auftragen von viel Farbe oder Glitzer: Verteile eine großzügige Schicht loses Puder vor dem Auftragen deines Lidschattens unter deinem Auge. Bröckelt nun während des Auftragens deines Augen-Make-ups Lidschatten auf dein Gesicht, kannst du ihn im Anschluss samt dem Puder problemlos wegbürsten.

LIDSCHATTENPINSEL

Mindestens genauso wichtig, wie den richtigen Lidschatten zu finden, ist die Wahl des passenden Pinsels. Egal ob in YouTube-Videos oder Drogeriemärkten, die Auswahl der Pinsel scheint unendlich, welcher Pinsel wofür gut ist und welche tatsächlich notwendig sind, wissen die wenigsten.

Auch wenn mir das kaum jemand glaubt, ich selbst benutze maximal drei verschiedene Lidschattenpinsel pro Look. Meine Freunde machen sich oft darüber lustig, dass ich immer die gleichen Pinsel verwende, für mich sind sie aber ausreichend und auch ich fühle mich schnell durch die große Auswahl überfordert. Ich möchte dir die drei wichtigsten Pinsel vorstellen, die auch ich selbst am liebsten verwende. Mehr als sie brauchst du, solange du keine professionellen oder detailreichen Looks schminkst, meiner Meinung nach nicht. Vom simplen Tages-Make-up bis hin zum abendlichen Glam-Look ist mit ihnen nämlich alles möglich.

DER DETAIL-PINSEL

Der kompakte und hartborstigere Pinsel ist vor allem für Detail-Arbeit empfehlenswert. Mit ihm können intensive Farben aufgetragen werden, da er durch seine kompakten Borsten viel Pigment aufnimmt. Anders als beim Blending-Pinsel ist es hier besonders effektiv, den Lidschatten auf das Auge zu pressen und einzuarbeiten, anstatt zu wischen. Am liebsten verwende ich ihn in meiner Lidfalte, am äußeren Augenwinkel, um Farben zu intensivieren oder zu verdunkeln und am unteren Wimpernkranz sowie im Augenwinkel, um Highlights zu setzen.

DER ABGEFLACHTE PINSEL

Dieser Pinsel ist ein echtes Multi Talent. Man kann mit ihm super Schimmer und Glitzertöne aufs Lid auftragen. Außerdem können mit der dünnen Kante auch präzisere Linien gemalt werden, die bei einem Smokey-Eyeliner oder einer Cut Crease benötigt werden. An lidschattenfreien Tagen eignet sich der Applikator außerdem hervorragend als Concealer-Pinsel.

DER BLENDING-PINSEL

Der Blending-Pinsel ist fluffiger und weicher als der Detail-Pinsel. Wie der Name schon verrät, hilft er dabei, Lidschatten zu verblenden. Mit ihm kannst du sanfte Übergänge schaffen und verschiedene Farbtöne miteinander verblenden. Außerdem kannst du mit dem Blending-Pinsel schattieren und Farben hervorheben. Achte beim Blending-Pinsel auf deine Lidgröße. Je größer dein Augenlid, desto größer und breiter darf auch der Pinsel sein.

MASCARA

Die Wimperntusche ist eines meiner absoluten Lieblings-Tools. Selbst wenn sonst nichts zur Verfügung steht, keine Zeit bleibt oder ich mal keine Lust habe, mich stark zu schminken, mit ein wenig Mascara fühle ich mich gleich ready to go. Während ich es in der Jugend etwas mit der schwarzen Tusche übertrieben habe, weiß ich heute, dass eine richtig aufgetragene Schicht meines Favoriten mehr als ausreichend ist.

Der wohl größte Unterschied, der vor allem das Wohlbefinden deiner Wimpern beeinflusst, ist die Frage nach wasserfester oder normaler Mascara. Ich persönlich verwende fast ausschließlich nichtwasserfeste Wimperntusche, außer ich gehe ins Freibad oder an den Strand. Als ich jünger war, dachte ich, ich brauche unbedingt wasserfeste Mascara, um den Tag zu überstehen. Ich war überzeugt davon, normale Wimperntusche würde nicht lang genug halten, würde bei einem kurzen Niesel-Regen verwischen oder während eines kleinen Schweißausbruchs völlig zerrinnen. Aber ich musste feststellen, dass ich mich irrte.

Der große Nachteil von wasserfester Mascara ist das Entfernen. Das abendliche Abschminken wird zur Zerreißprobe für unsere fragilen Wimpern. Tragen wir wasserfeste Wimperntusche, so müssen wir extra Öle oder Balms verwenden, bis sie endlich verschwunden ist. Im schlimmsten Fall verlierst du sogar ein paar Wimpern, bis du endlich abgeschminkt im Bett landest. Wasserfeste Wimperntusche ist hartnäckig, immerhin hält sie vom Sprung in den Pool bis hin zum Tropensturm so ziemlich alles aus. Der große Vorteil von wasserfesten Mascaras ist außerdem, dass sie den Schwung der Wimpern oft gut halten. Sie sind deshalb besonders bei geraden Wimpern sehr beliebt.

Weiters unterscheiden sich Mascaras vor allem in ihrer Formulierung und in ihrer Bürstenform. Prinzipiell gilt auch hier wieder: Probieren geht über Studieren. Die richtige Wimperntusche zu finden, ist etwas sehr Persönliches. Das Wichtigste ist, dass du die Bürste findest, die am besten zu deinen Augen und Wimpern passt.

Einerseits gibt es große, dicke Bürsten, die Volumen zaubern, oder lange, dünne Bürsten, die Verklumpen vermeiden und die Wimpern trennen. Einige Bürsten zaubern Länge, während andere für besonders feine Wimpern gut geeignet sind. Je nach Bedürfnissen und Zustand deiner Wimpern, schaffst du es bestimmt ganz individuell, deine perfekte Bürste zu finden.

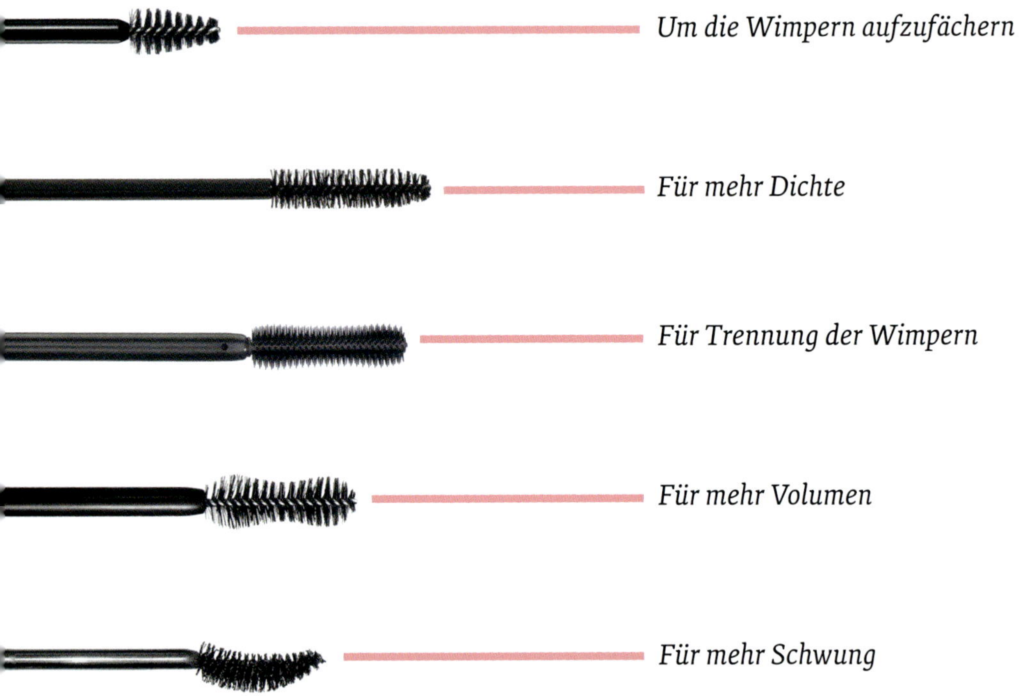

WIMPERNZANGE

Ich habe das Glück, von Natur aus geschwungene Wimpern zu haben. Leider geht es nicht allen Make-up-Enthusiasten so, weshalb viele Menschen auf die Wimpernzange zurückzugreifen, um nicht auf einen atemberaubenden Wimpernschwung verzichten zu müssen.

Dennoch ist Vorsicht geboten. Denn so schön der Schwung dank der Zange auch sein kann, so fatal kann die Benutzung für deine Wimpern enden, wenn du einfach wild drauf loslegst. Immer wieder sehe ich TikToks, in welchen sich Menschen die Wimpern förmlich mit der Zange ausreißen, weil sie sie falsch verwenden.

Benutze die Wimpernzange unbedingt VOR dem Auftragen der Tusche. Ich sehe vielen Menschen dabei zu, wie sie die Zange erst nach Benutzen der Mascara anwenden. So bleiben die Wimpern nicht nur an der Zange kleben, sie brechen, reißen aus und verformen sich unschön. Außerdem solltest du den Gummi, der an der Wimpernzange angebracht ist, regelmäßig wechseln. Auch bei Hacks, in welchen die Wimpernzange erst mit dem Föhn oder einem Feuerzeug erhitzt wird, um ein langanhaltendes Ergebnis zu erreichen, ist extreme Vorsicht geboten. Zu viel Hitze ist keinesfalls gut für deine Wimpern

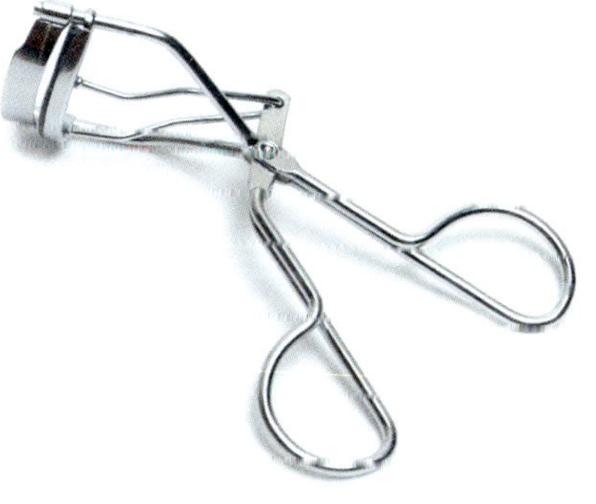

und kann bei falscher Anwendung zum Abbrechen führen und das Wimpernwachstum beeinträchtigen.

Häufig kann die Wimpernzange durch die passende Wimperntusche leicht ersetzt werden. Früher war sie aus den Make-up-Schränken nicht wegzudenken, heute gibt es viele Alternativen, die weniger gefährlich sind. Immerhin kannst du dir sowohl die Wimpern als auch die Augenlider einzwicken. Fühlst du dich mit der Zange wohl und hast das Gefühl, sie zaubert deinen Wimpern den gewünschten Schwung, so will ich dich nicht von ihrer Verwendung abhalten. Sei nur bitte unbedingt vorsichtig.

FAKE LASHES

Wer meine Videos und Looks kennt, weiß, ich greife gerne auf schöne künstliche Wimpern, Fake Lashes, zurück. Sie verleihen einem Look den gewissen Extra-Glam und zaubern dem Auge einen dramatischen Wimpernaufschlag. Vor allem für aufwendigere Looks, für besondere Anlässe oder auch Effekt-Make-up eignen sie sich hervorragend.

Früher kaum in guter Qualität im Drogeriemarkt zu finden, gibt es heute ein breites Angebot an Fake Lashes. Für wenig Geld bekommst du mittlerweile zufriedenstellende Produkte. Vor allem das Auge entscheidet hier mit. Bei genauerem Betrachten der verschiedenen künstlichen Wimpern kannst du nämlich schnell feststellen, welche Formen und Ausführungen dir zusagen.

Die Applikation der Lashes ist die eigentliche Herausforderung. Es gibt verschiedenste Modelle und Arten, durchsichtigen oder schwarzen Kleber, magnetische Lashes oder selbstklebende Wimpern, gesamte Wimpernsets oder einzelne Wimpern zur Verdichtung. Ich persönlich bevorzuge die Lashes, die mit einem Extrakleber befestigt werden. Den Kleber pinsle ich mir an den Wimpernkranz, lasse ihn kurz antrocknen und platziere die Wimpern dann direkt darauf. Wie genau du deine Fake Lashes allerdings am besten aufträgst, zeige ich dir später anhand eines ausführlichen Tutorials. Keine Sorge, gemeinsam kriegen wir das hin.

Beim Entfernen der Wimpern solltest du besonders vorsichtig sein und nicht zu stark ziehen. Du willst ja nur die künstlichen Wimpern und nicht deine eigenen entfernen.

AUGENBRAUEN

Augenbrauen sind aktuell ein Riesenthema. Vor allem in den letzten Jahren gab es einen regelrechten Hype um die Gestaltung der Brauen. Auch die Trends bezüglich der Augenbraue scheinen sich immer schneller zu verändern und weiterzuentwickeln. Von der dünnen

Linienbraue über dicke und dunkle Balken bis hin zu natürlichen, fransigen oder gar fluffigen Augenbrauen haben wir über die letzten Jahre hinweg viel gesehen.

Bei der Produktauswahl für die Augenbraue kommt es in erster Linie auf den gewünschten Effekt an.

AUGENBRAUENGELS

Hast du bereits sehr dichte und viele Augenbrauen und möchtest sie nur etwas in Form bürsten und bändigen, dann reicht ein simples und farbloses Augenbrauengel völlig aus. Auch getöntes Augenbrauengel kommt gerne zum Einsatz, um die Brauen zu definieren und über den Tag hinweg zu fixieren. Gleichzeitig können durch die enthaltenen Farbpigmente Lücken beseitigt, Volumen geschaffen und Tiefe erzeugt werden.

Ich habe sehr helle Augenbrauen, weswegen ich gerne mit etwas Farbe nachhelfe. Die Farbe des Augenbrauengels orientiere ich meistens an der Farbe meines Haaransatzes.

AUGENBRAUEN-POMADE

Ich bin etwas traumatisiert von meinen Block-Augenbrauen aus der Jugendzeit. Wie bereits erwähnt ändern sich Trends, manchmal zu unserem Glück, sehr schnell. Ich kam damals nicht daran vorbei, meine Augenbrauen so dunkel und unnatürlich wie möglich mit der

Pomade nachzuzeichnen. Sehe ich heute Fotos davon, läuft mir ein Schauer über den Rücken. Die Pomade verwende ich persönlich nur noch sehr selten.

Wenn man die Pomade aber richtig anwendet, kann eine cleane Braue erzielt werden. Mehr dazu auch später in meinen Tutorials.

KAJAL ODER EYELINER?

Den passenden Schwung aufs Lid zu zaubern, erfordert viel Erfahrung und Fingerspitzengefühl. Ich bin mir sicher, auch du bist bereits das ein oder andere Mal aufgrund des Lidstrichs verzweifelt. Entweder fehlt es an Symmetrie, die Form gefällt nicht oder er ist zu groß. Doch bevor wir uns überhaupt der richtigen Technik für den passenden Wing widmen, möchte ich euch kurz die verschiedenen Produkte, die dafür zum Einsatz kommen können, näherbringen.

Willst du ein dramatisches Cat Eye erzielen, lohnt es sich, auf flüssigen Eyeliner zurückzugreifen. Hier kannst du dich entweder für den klassischen Flüssig-Eyeliner mit kleinem Pinsel und Tunk-Behälter oder den Liquid-Pen, also den flüssigen Stift, entscheiden. Ich bevorzuge den flüssigen Eyeliner mit kleinem Pinsel, wenn ich genauer arbeiten möchte. Der flüssige Stift wiederum eignet sich für den Alltag. Er muss nicht nachgetunkt werden und lässt sich ohne große Sauerei auftragen. Den klassischen Kajalstift verwende ich vor allem für meine Wasserlinie. Allerdings kann auch er, vor allem für Anfänger, am oberen Lid verwendet werden, um einen kleinen Wing zu zaubern. Er trocknet nicht so schnell und lässt sich gut korrigieren.

Eyeliner und Kajal gibt es in verschiedensten Farben. Je nach Augenfarbe und Augenform kann Dimension geschaffen werden. Das Auge kann durch einen Lidstrich größer, runder, ovaler, aber auch mysteriöser oder offener wirken.

BLUSH, BRONZER UND HIGHLIGHTER

Nachdem wir uns bereits mit den Essentials für unsere Haut und unsere Augen befasst haben, möchte ich dir nun die Produkte zeigen, mit denen du in deinem Gesicht Tiefe schaffst. Ob dunklere Akzente für Schatten, hellere Töne für Highlights oder rosige Pigmente für mehr Leben im Gesicht, Blush, Bronzer und Highlighter können unserem Teint das gewisse Etwas verleihen. Außerdem können bestimmte Produkte für das sogenannte Contouring, also das Konturieren des Gesichts, verwendet werden. Doch was ist eigentlich was?

BLUSH

Blush, oder auch Rouge genannt, wird vor allem auf die Wangenpartie aufgetragen. Er sorgt dafür, dass wir lebendiger aussehen, verleiht uns einen süßen Glow und lässt uns frischer und gesünder wirken. Die Farbpalette reicht beim Blush von roten und rosigen Tönen bis hin zu peachigen Orangetönen. Ich stimme meinen Blush gerne auf meinen Lidschatten oder meine Lippenfarbe ab, im Prinzip kannst du aber völlig frei entscheiden, welcher Ton dir am besten steht.

Hast du gerade wenig Equipment zur Hand oder muss es besonders schnell gehen, kannst du für Lippen, Augenlider und Wangen den gleichen Ton verwenden. Blush eignet sich im Notfall auch als Lidschatten und kann deinen Lippen den Extra-Kick Farbe verleihen. Blush gibt es sowohl in gepresster Puderform als auch in Creme- oder Mousseform. Bei trockener Haut empfiehlt sich die cremigere Variante.

Puder Blush trägst du am besten mit einem fluffigen Pinsel auf. Er garantiert ein natürliches Finish. Creme Rouge trägst du am besten mit einem kompakteren Pinsel, einem Schwamm oder den Fingern auf.

BRONZER

Bronzer verleiht deinem Gesicht einen gesunden Teint. Wie von der Sonne geküsst, wird dein Gesicht durch seinen Einsatz zum Leben erweckt. Je nach Hautton in Braun-, Gold- und Bronzetönen. Trage den Bronzer auf die Stellen im Gesicht auf, wo das Sonnenlicht hinfällt. Beispielsweise auf den Nasenrücken, das Kinn, die Wangenknochen und den seitlichen Stirnansatz. So schaffst du einen natürlichen Glow. Nimm am besten einen abgeschrägten, fluffigen Pinsel zur Hand und achte darauf, nicht zu dick aufzutragen. Als kleinen Hack kannst du den Ton, den du für deinen Bronzer verwendest, auch gleichzeitig als Lidschatten verwenden. So schaffst du natürliche und zusammenpassende Akzente und einen einfachen, schnellen Look, der nicht nach vielen verschiedenen Produkten verlangt. Pass aber bei der Wahl deines Bronzers unbedingt auf, die richtige Farbe zu erwischen. Gerade für Anfänger kann es zur Herausforderung werden, den passenden Ton zu finden. Achte je nach Hauttyp und -farbe darauf, keinen zu hellen, zu dunklen oder zu orangenen Bronzer zu verwenden. Außerdem gibt es matte Bronzer und welche

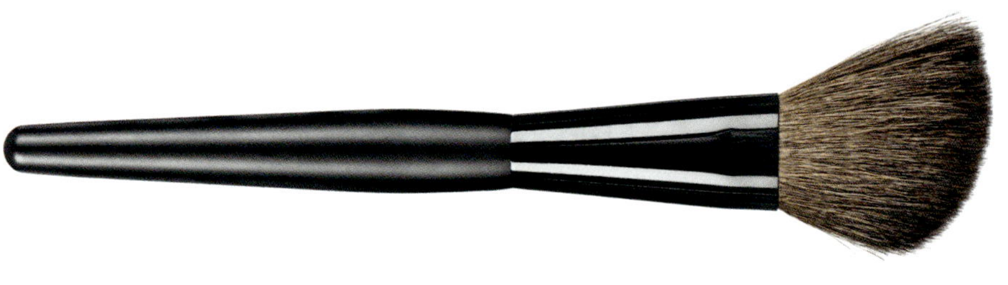

mit Schimmer, die einen zusätzlichen Glow schaffen. Auch hier gilt wieder: testen, testen, testen.

CONTOURING

Anders als beim Bronzer wird die Kontur nicht an hohen Stellen des Gesichts gesetzt, sondern da, wo man Schatten erzeugen möchte. Dafür braucht man kühle Brauntöne. Contouring-Produkte gibt es einige: Palette, Puder, Sticks und noch einige andere! Mehr dazu bei den Tutorials.

HIGHLIGHTER

Der Highlighter ist das Gegenstück zum Contouring. Er soll keine Schatten, sondern wahre Highlights zaubern. Trage ihn idealerweise auf den höchsten Stellen deines Gesichts auf, also beispielsweise auf den oberen Wangenknochen oder der Nasenspitze. Er soll das Reflektieren der Sonne andeuten. Die Töne sind meist sehr hell und schimmernd. Highlighter gibt es sowohl in Puder- als auch in Creme- und Stickform. Trage ihn auf die gewünschten Stellen auf und verblende ihn leicht nach außen. Achte darauf, nicht zu viel Highlighter aufzutragen, denn sonst kann deine Haut schnell ölig oder unnatürlich erscheinen. Für den Highlighter brauchst du einen etwas schmaleren

Pinsel als den für Blush oder Bronzer. Wir wollen immerhin schimmernde Akzente schaffen. Ich verwende außerdem gerne meine Finger, um den Schimmer auf Nase oder Wangenknochen zu verteilen.

AUF DIE LIPPEN

Die Lippen zu schminken, scheint oft zu einfach. Lippenstift drauf und fertig? Wenn es doch nur so einfach wäre. Auch im Reich des Lippen-Make-ups hat sich in den letzten Jahren viel getan. Von Lipkits, die volle Lippen versprechen, bis hin zu Trends und Produkten, die unsere Lippen förmlich aufpumpen sollen.

Ich persönlich finde, einige wenige Produkte reichen, um ein schönes und natürliches Ergebnis zu erzielen.

LIPLINER

Gerade für Anfänger ist es empfehlenswert, mit dem Lipliner zu starten. Mit ihm kannst du präzise arbeiten, kleine Fehler schnell ausbessern und eine Outline für deine Lippen legen. Vor allem wenn du mit intensiven Farben oder dunklen Tönen wie einem satten Rot arbeiten

möchtest, lohnt sich die Vorarbeit mit dem Lipliner. Wähle eine Farbe, die deinem gewünschten Lippenstift ähnelt oder eine Spur dunkler ist, und zeichne nun langsam an deiner Lippenkontur entlang.

LIPPENSTIFT

Bevor du einfach wild drauflos schmierst, empfiehlt sich wie erwähnt vor dem Einsatz eines Lippenstifts der Lipliner. Hast du eine Kontur gezeichnet, kannst du nun entweder mit der gleichen Farbe des Liners oder mit einer helleren Farbe den Lippenstift auftragen. Die gleiche Farbe hat den Vorteil, dass du kaum verblenden musst und auch mit wenig Übung ein schönes, ebenmäßiges Finish erzielst. Wählst du eine hellere Farbe, solltest du darauf achten, eine Art Verbindung zwischen Liner und Stift zu schaffen. Gelingt dir das, kannst du wunderschöne Ombré-Effekte herstellen.

Aber auch gegen die altbekannte 2000er-Lippe ist nichts einzuwenden. Dunkler Lipliner, heller Lippenstift und kaum Verblendung und schon ist der Look perfekt.

Liquid Lipsticks, also flüssige Lippenstifte, versprechen längeren und standhafteren Halt. Sie werden gerne für Party-Nächte aufgetragen, aber auch in den Alltag integriert. Ich benutze sie eher zu speziellen Events, aber wer sichergehen will, über den Tag hinweg Deckkraft zu behalten, kann zur flüssigen Alternative greifen. Aber

Achtung, aufgrund ihrer hohen Pigmentierung ist jeder kleine Fehler schnell sichtbar. Genaues Arbeiten ist also gefragt.

LIPGLOSS

Wenn es um die Lippen geht, dann ist Gloss mein absolutes Lieblingsprodukt. Einerseits kannst du durchsichtiges Lipgloss verwenden, um deinen Lippenstift zu versiegeln und extra Glanz herzustellen. Andererseits kannst du ihn auch einfach so verwenden, um deinem Tages-Make-up etwas mehr Leben zu verleihen. Ich benutze gerne ein Lipgloss mit leichtem Rosaton, um meinen Alltagslook zu vollenden und etwas frischer auszusehen.

SETTING SPRAY VS. FIXING SPRAY

Wusstest du, dass Fixing- und Setting Spray nicht dasselbe Produkt sind? Ich muss zugeben: Ich wusste es bis vor kurzem auch nicht, aber auch ich lerne nie aus!

Fixierspray kann eingesetzt werden, um deinem fertigen Make-up extra Halt zu garantieren. Gerade im Sommer, für lange Nächte oder intensive Tage, lohnt es sich nach Fertigstellung deines letzten Make-up-Schritts, etwas von dem Spray auf dein Gesicht zu sprühen.

So halten Foundation, Lidschatten und Puder um einiges länger, verrinnen nicht und sind wettergeschützt.

Setting Sprays hingegen werden eingesetzt, um das aufgetragene Make-up noch besser miteinander zu verbinden und eine perfektionierte Basis zu schaffen.

Auf den sozialen Medien sehe ich immer wieder, wie sich User und Userinnen anstatt eines Fixiersprays, Haarspray ins Gesicht sprühen. Bitte verzichte darauf. Auch wenn das Make-up vielleicht tatsächlich unter der klebrigen Schicht etwas länger hält, so verstopft Haarspray die Poren, schädigt die Haut und enthält Stoffe, die weder für dein Gesicht noch für deine Augen geeignet sind.

DAVOR UND DANACH

Unsere Haut ist keine trockene Leinwand. Sie lebt, sie ist das größte Organ des Menschen, deshalb müssen wir sie auch mit ausreichend Pflege versorgen, vor allem, wenn wir uns gerne und oft schminken. Manche Produkte trocknen unsere Haut aus, andere können Poren verstopfen, Wimpern verkleben oder sogar im Ernstfall Augenentzündungen hervorrufen. Es ist daher essenziell, unser Gesicht vor und nach dem Auftragen von Make-up entsprechend zu versorgen.

TAGESCREME

Ich bin keine Dermatologin, auch keine Skin-Care-Expertin, aber das Reinigen des Gesichts und das Auftragen einer Tagescreme, bevor du mit deinem Make-up beginnst, empfehle ich dir wärmstens.

Zuerst sollte das Gesicht gewaschen und im Idealfall mit Wasser oder einer Reinigung von überschüssigem Öl, Hautpartikeln und Mikro-Schmutz befreit werden. Im Anschluss kommt die Tagescreme zum Einsatz. Auch hier wieder je nach Hauttyp und Präferenzen. Besonders wichtig ist dabei der UV-Schutz. Mittlerweile sind die hautschädigenden Eigenschaften der Sonne kein Geheimnis mehr. Egal ob Sommer oder Winter, bei Wolken oder strahlendem Sonnenschein. Viele Tagescremen vereinen Sonnenschutz mit Hautpflege. Auch in manchen BB-Cremen oder sogenannten CC-Cremen ist mittlerweile UV-Schutz enthalten.

Bei fettiger und öliger Haut empfehle ich leichte Gels, die schnell einziehen, bei trockener Haut reichhaltige Cremen.

ABSCHMINKEN

Abschminken ist ein riesengroßes Thema und eines, bei dem sich die Meinungen oft scheiden. Zumindest bei einer Sache sind sich aber alle einig: Abschminken ist ein Muss. Selbst wenn ich mich beruflich nicht täglich schminken oder auf ausgefallene und aufwendige Looks verzichten würde, so würde ich mich dennoch immer abschminken. Mit geschminktem Gesicht schlafen zu gehen ist für Haut, Augen, Wimpern und Poren sehr ungesund. Verklumpte und alte Schminke kann Entzündungen auslösen, Pickel und Unreinheiten verursachen und das Hautbild deutlich verschlechtern. Egal wie müde du also am Ende des Tages bist, nimm dir kurz Zeit und schminke dich bitte immer ab.

STICHWORT: DOUBLE CLEANSING

Auch das Abschminken ist eine individuelle Sache. Je nach Hauttyp, Verträglichkeit und Präferenzen, können Gels, Öle, Balms, oder Reinigungswasser herangezogen werden. Die klassischen, bereits fertig abgepackten Abschminktücher sind vielleicht praktisch für wenn es mal schnell gehen muss, vom täglichen Gebrauch würde ich allerdings abraten. Durch das Reiben werden Haut und Augen gereizt und oft wird das Make-up lediglich hin und her gewischt und verrieben. Richtig gereinigt werden Haut und Augen durch das Rubbeln nicht.

Wenn du mal etwas mehr Make-up trägst oder sichergehen willst, dass keine Überreste auf deinem Gesicht bleiben, empfehle ich »Double Cleansing«, also die Doppel-Reinigungsmethode. Im ersten Schritt kommt ein spezielles Abschmink-Öl oder Balm zum Einsatz. Ich persönlich verwende es abends gerne in der Dusche und beginne, damit mein Gesicht im ersten Schritt abzuschminken. Ich arbeite es behutsam in mein Gesicht ein, wasche und verreibe es. Sofort spüre und sehe ich, wie sich Mascara, Make-up oder Lidschatten sanft lösen. Habe ich das Meiste mit dem Öl entfernt, kommt der zweite Schritt. Ob in der Dusche oder am Waschbecken, spielt übrigens keine Rolle. Nun kommt der Cleanser zum Einsatz. Das Reinigungsprodukt löst die letzte Schicht Make-up und kann auch, sowie ein Mizellenwasser, als alleiniges Produkt verwendet werden, wenn dir die Doppel-Routine zu mühsam ist.

Bei den einzelnen Produkten achte unbedingt auf die spezifischen Beschreibungen. Viele Produkte weisen auf Hauttypen, wie »geeignet für trockene Haut« oder »ideal für ölige Haut«, hin. Beachte das beim Kauf, um deiner Haut das zu geben, was sie braucht.

Anstatt Wegwerftüchern oder Wattepads kann ich übrigens auch Reusable Pads empfehlen. Die wiederverwendbaren Abschminkpads aus Bio-Baumwolle oder Bambus-Viskose können gewaschen und erneut genutzt werden. Sie sollen außerdem besser für unsere Haut sein.

REINIGUNG

Ähnlich wichtig wie die korrekte Reinigung unseres Gesichts vor und nach dem Auftragen von Schminke ist auch die Reinigung unserer Produkte. Ich weiß, es kann schon mal vorkommen, dass gewisse Pinsel oder Schwämme nicht nach jeder Verwendung gereinigt werden, auch ich schaffe es nicht immer, dennoch liegt es mir am Herzen, die Relevanz sauberer Produkte anzusprechen.

Gerade bei Foundation-, aber auch bei Lidschattenpinseln ist die Reinigung nach allen paar Anwendungen wünschenswert. Arbeiten wir sehr nahe beim Auge oder direkt auf unserer Haut, können sich schnell Bakterien bilden, die bei Wiederauftragen auf die entsprechenden Stellen Entzündungen auslösen können. Ich bin gezwungen, meine Lidschattenpinsel zu waschen, da ich oft die Farbe wechsle und nicht für jede Farbe einen eigenen Pinsel habe. Deinen Make-up-Schwamm, falls du einen verwendest, solltest du nach jeder Anwendung gründlich säubern. Er tendiert nämlich dazu, schnell zu schimmeln und ist eine Wohlfühloase für Bakterien, die Pickel und Unreinheiten hervorrufen. Um einen Todeskreislauf von immer wieder neuen Infektionen zu vermeiden, wasche ihn also regelmäßig.

Um meine Pinsel zu waschen, verwende ich gerne feste Pinselseife. Ich rubble den Pinsel gegen den Reiniger, wasche ihn im Anschluss gut aus, lasse ihn liegend oder kopfüber trocknen und schon ist er wie neu. Im Drogeriemarkt findest du außerdem Pinselreiniger-Sprays, mit denen du Pinsel zwischendurch schnell reinigen und desinfizieren kannst. Sprühe den Spray auf ein Wattepad und reibe deinen Pinsel vorsichtig darin. Das Praktische ist, dass der Pinsel fast direkt danach wieder trocken ist und du ihn sofort wieder verwenden kannst. Ganz so sauber wie bei einer richtigen Wäsche ist er aber nicht.

Außerdem gibt es noch Pinselreinigungs-Gels, Shampoos und andere Mixturen, die du mit Wasser mischen kannst, um sie zu reinigen und zu desinfizieren.

Deine Haut und deine Augen werden es dir auf jeden Fall danken, wenn du ab an und an etwas Zeit in die Säuberung deiner Produkte steckst.

Übrigens, achte unbedingt auf Haltbarkeitsdaten. Auch wenn wir es kaum glauben, auch Make-up läuft ab und sollte nicht ewig benutzt werden. Das Haltbarkeitsdatum deines Make-ups findest du, ähnlich wie bei Lebensmitteln, auf dem Produkt selbst.

Meistens ist es in Form eines kleines Containers, mit der entsprechenden Monatszahl, abgebildet.

Unendliche Auswahl

Make-up-Produkte gibt es wie Sand am Meer. Die bisher genannten Produkte decken nicht annähernd den gesamten Markt ab, dennoch bieten sie eine gute Einführung in die Essentials.

Bei der Wahl der richtigen Produkte solltest du auf deine Intuition hören. Frage außerdem Freunde und Freundinnen aus deinem Umfeld, welche Mascara oder welchen Lidschatten sie besonders gerne benutzen. Lasse dich nicht von falschen Versprechen oder teuren Namen blenden. Oft sind es nämlich die günstigen oder mittelpreisigen Produkte, die gar nicht so schlecht, manchmal sogar besser als die hochpreisigen sind. Egal ob im High-End-Bereich oder in der Drogerie, du findest bestimmt die Produkte, die dich überzeugen und zu dir passen. Denn Make-up soll in erster Linie Spaß machen.

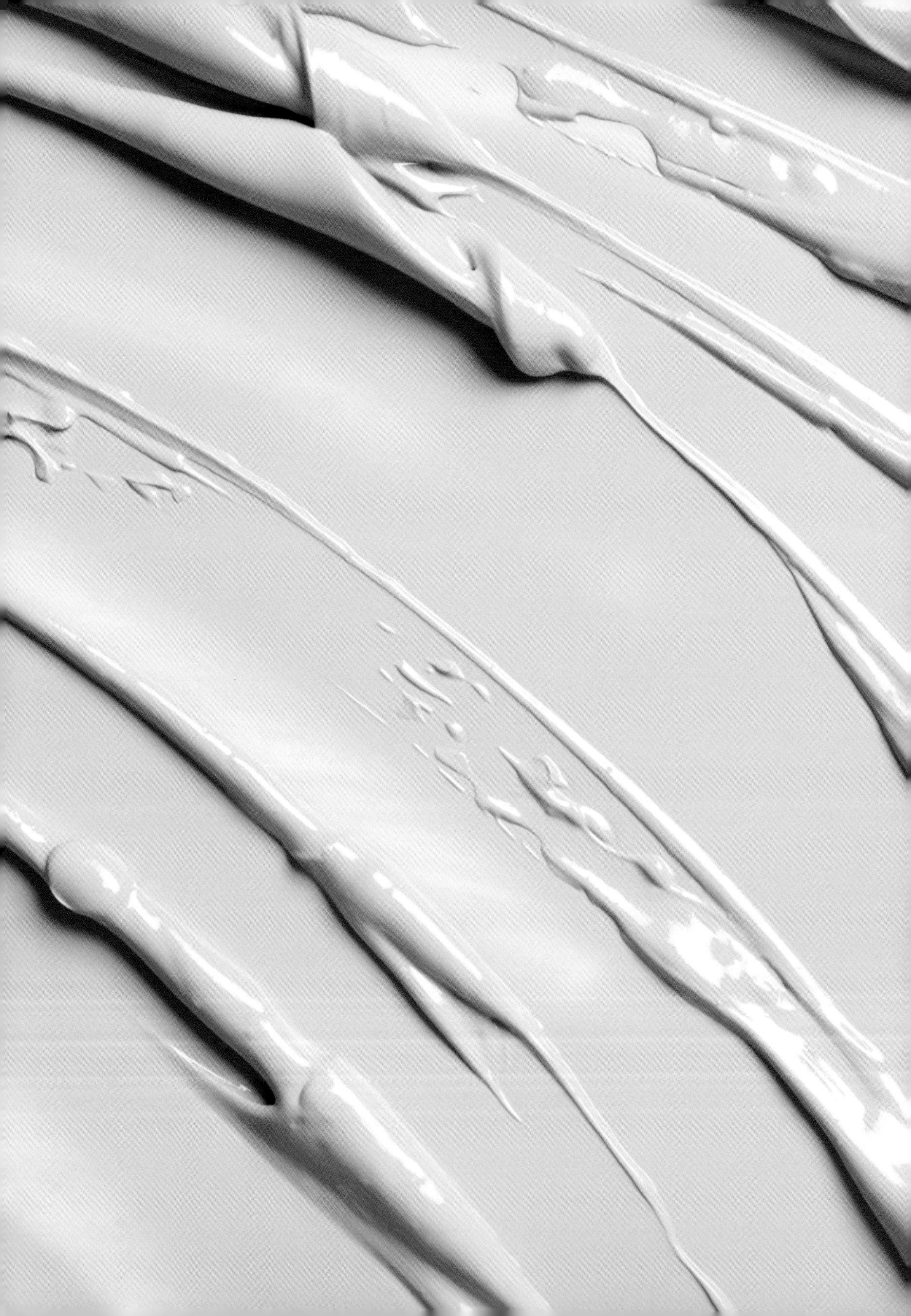

TYPFINDUNG UND FARBLEHRE

HAUTTYP, UNTERTON UND DIE WAHL DER RICHTIGEN FARBEN

Wenn es um Make-up geht, gibt es zwei große Säulen, die zur Auswahl von Produkten, Farben und Looks beitragen. Das ist einerseits der persönliche Geschmack, quasi der Stil und die eigenen Präferenzen. Anderseits spielt auch der Typ, also Hautbeschaffenheit, Augenfarbe und Unterton eine Rolle, wenn es um die Wahl der passenden Farben, Foundations und Akzente geht.

Während meiner Ausbildung zur Make-up-Artistin durfte ich viel über unsere eigene Leinwand, die Haut, ihre Beschaffenheit und ihre Individualität lernen. Je öfter ich Freundinnen und verschiedene Menschen schminke, desto mehr fallen mir Unterschiede in ihren Hauttypen und Untertönen auf, die das Auftragen des Make-ups maßgeblich beeinflussen. Auch die Pflege, die Wahl zwischen pudriger und flüssiger Foundation oder der richtige Lidschatten hängen mit der Typfindung zusammen. Vielen von uns ist leider oft gar nicht bewusst, unter welchen Hauttyp oder Unterton wir fallen, weshalb in der täglichen Anwendung von Produkten und Farben oft Fehler passieren, die vermeidbar sind.

DIE HAUTTYPEN

Hast du dir jemals Gedanken darüber gemacht, welcher Hauttyp du bist? Weißt du es bereits oder bist du dir noch unsicher?

Wir alle haben eine einzigartige Haut. Verschiedene Strukturierungen, unterschiedliche Pigmentierungen und andere Lebensstile tragen maßgeblich zu ihrer Individualität bei. Aus diesem Grund haften und wirken einzelne Produkte auch völlig unterschiedlich auf verschiedenen Gesichtern.

In der klassischen Hautpflege gibt es vier Hauttypen. Jene, die mir auch während meiner Make-up-Artist-Ausbildung nähergebracht wurden und nicht nur die Pflege, sondern auch das tägliche Make-up beeinflussen. Vielleicht erkennst du dich ja in einem der Typen wieder.

TYP 1: NORMALE HAUT

In der Dermatologie wird der Begriff »normal« für ein ausgeglichenes Hautbild verwendet und definiert grob gesehen gesunde Haut, die Eudermie. Der Talg- und Feuchtigkeitshaushalt ist beim normalen Hauttyp ausgewogen und es kommt zu keinen Überschüssen oder Defiziten. Die normale Haut ist also weder fettig oder ölig noch trocken oder schuppig.

Auf Umwelteinflüsse wie Kälte oder Hitze reagiert die normale Haut unbeeindruckt. Sie ist eher unempfindlich und verlangt auch in der Pflege nach keinen speziellen Extrabehandlungen. Die meist feinporige und zarte normale Haut ist der Wunschtraum vieler, sie kommt aber leider eher selten vor. Nur wenige Erwachsene haben einen makellosen Teint und die perfekte normale Haut. Diesen Hauttyp haben meist jüngere Menschen.

Merkmale:

- Glatt und eben
- Kaum Unreinheiten
- Frischer Teint
- Feine Poren
- Widerstandsfähig
- Elastisch

TYP 2: TROCKENE HAUT

Bei der trockenen Haut, der Xerodermie, wird im Groben zwischen zwei verschiedenen Typen unterschieden. Zum einen gibt es die trockene fettarme Haut, zum anderen die trockene feuchtigkeitsarme Haut.

Die Trockenheit der fettarmen Haut liegt einer zu schwachen, nicht ausreichenden Talgproduktion zugrunde. Bei der feuchtigkeitsarmen trockenen Haut spielt vor allem das geringe Wasserbindungsvermögen eine entscheidende Rolle. Beide Formen der trockenen Haut bringen ähnliche Hautbilder und Merkmale mit sich.

Xerodemie tritt in unterschiedlichen Formen und Intensitäten auf. Während bei manchen die Haut nur leicht trocken ist, bilden sich bei anderen Schuppen. Prinzipiell neigt die trockene Haut schnell zu Rötungen und bildet auch eher Falten. Das Gesamtbild der Haut wirkt uneben und weist raue, trockene oder rissige Stellen auf.

Falls du dich hier wiedererkennst, mach dir keine Sorgen. Trockene Haut kann mit entsprechenden Cremen gut behandelt werden. Auch

Umstellungen des Lebensstils können Besserung mit sich bringen. In Sachen Make-up lohnt es sich jedenfalls, bei trockener Haut zu feuchtigkeitsspendenen Produkten zu greifen. Von trockenen Puder-Foundations würde ich abraten, da sie nur schwer auf deiner Haut haften werden.

Etwa dreißig Prozent der Bevölkerung neigen zu trockener Haut, du bist also keinesfalls alleine.

Merkmale:

- Spannungsgefühl
- Rissig und spröde
- Stellenweise schuppig
- Feine Poren
- Juckreiz und Rötung

TYP 3: FETTIGE HAUT

Die fettige, oft ölige Haut genannt, tendiert dazu, mehr Talg zu produzieren als notwendig. Das führt zu überschüssigem Fett auf der Haut, was Unreinheiten unterstützt und die Haut schnell ölig erscheinen lässt. Die T-Zone, also der Bereich zwischen Stirn, Nase und Kinn, ist davon besonders betroffen.

Durch oft schwächere Durchblutung wirkt die fettige Haut in manchen Fällen blass oder fahl. Verantwortlich für die fettige Haut sind genetische Veranlagungen, Stress und hormonelle Schwankungen. Der eigentlich schützende Talgfilm, der die Haut vor äußeren

Einflüssen bewahren soll, kann im Überschuss zu Unreinheiten und einem unangenehmen, öligen Hautbild führen.

Auch wenn fettige Haut oft genetisch bedingt ist und sie nicht gänzlich verhindert werden kann, so können wir ihr dennoch mit den richtigen Produkten entgegenwirken und die Talgproduktion etwas verringern. Du solltest unbedingt die Finger von nachfettenden Cremen lassen. Auch beim Make-up kannst du auf gewisse Produkte verzichten und andere heranziehen, dazu gleich mehr.

Merkmale:

- Öliger Film auf der Haut
- Glanz
- Große Poren
- Verdickte Haut
- Unreinheiten in und außerhalb der T-Zone

TYP 4: MISCHHAUT

Wie du dir aufgrund des Namens schon denken kannst, vereint die Mischhaut die Eigenschaften verschiedener Hauttypen. Sie weist sowohl Merkmale des trockenen als auch des fettigen Hauttyps auf.

Die zwei verschiedenen Hauteigenschaften der trockenen und fettigen Haut treten in unterschiedlichen, nebeneinanderliegenden Bereichen auf. So treten die fettigen Eigenschaften meist in der T-Zone auf, während die trockenen Merkmale eher an den Wangen-Arealen anzutreffen sind. Während fettige oder trockene Hauttypen meist den gesamten Körper umfassen, tritt die Mischhaut nur im Gesicht auf.

Die variierenden Merkmale der Mischhaut machen ihre Pflege und die Wahl der richtigen Produkte nicht immer einfach. Die T-Zone bedarf besonderer Aufmerksamkeit. Cremen, die kaum Öl als Bestandteil aufweisen und auf Wasserbasis aufgebaut sind, eignen sich besonders gut für die Pflege der Mischhaut. Bei der Foundation sollte auf mattierende und flüssige Produkte ohne Öl gesetzt werden, die die trockenen Stellen zwar pflegen, aber unerwünschten Glanz verhindern.

Merkmale:

- Unreinheiten (T-Zone)
- Öliger Glanz (T-Zone)
- Vergrößerte Poren (T-Zone)
- Eher trockene Wangen
- Empfindliche Haut

REIFE UND EMPFINDLICHE HAUT

Neben den vier klassischen Hauttypen gibt es außerdem noch die reife und die empfindliche Haut.

Die sensible Haut reagiert schnell auf äußere Einflüsse wie Kälte, UV-Strahlen, Stress, Umweltverschmutzung und Inhaltsstoffe von Kosmetikprodukten. Dadurch entstehen Irritationen, Rötungen und Spannungsgefühle. Das Hautbild und der Teint wirken oft gerötet, fleckig oder trocken. Die meisten Menschen, die an empfindlicher Haut leiden, fallen zusätzlich unter den Typ der trockenen Haut.

Die reife Haut verlangt im zunehmenden Alter nach mehr Regenerationszeit und besonderer Pflege. Es ist normal, dass unsere Haut mit der Zeit an Elastizität und Spannkraft verliert, dünner und trockener wird. Falten entstehen und der Teint scheint fahler. Feuchtigkeitsspendende Cremen und Seren können Abhilfe verschaffen. Beginnst du außerdem bereits in jungen Jahren, deine Haut richtig zu pflegen und trägst regelmäßig UV-Schutz auf dein Gesicht auf, kannst du dem Alterungsprozess entgegensteuern.

Deine Haut entwickelt sich weiter

Egal ob durch Alter, Lebensstilveränderungen, Hormone oder Gene, deine Haut kann sich im Laufe der Zeit verändern. So auch der Hauttyp. In der Jugend leiden viele Menschen beispielsweise unter fettiger Haut, die im fortschreitenden Alter trockener wird. Entsprechend müssen wir auch manchmal unsere Gewohnheiten, Routinen und Produkte ändern und an unsere sich ständig entwickelnde Haut anpassen.

Mein Hauttyp

Wer einen sehr extremen Hauttyp hat, so wie ich, braucht wohl keine ausführlichen Erklärungen oder Tests, um ihn zu identifizieren. Schuppt und spannt sie ständig und ist sie extrem trocken, so ist dir die Beschaffenheit deiner Haut mit hoher Wahrscheinlichkeit bewusst.

Ist deine Haut den ganzen Tag lang ölig, wie meine, dann ist dir vielleicht auch bewusst, dass du ein fettiger Hauttyp bist.

Ich habe mich mittlerweile mit meiner fettigen Haut arrangiert, auch wenn ich früher oft mit ihr kämpfte. Nach dem Aufstehen geht mein erster Gang meist ins Bad. Schaue ich mich im Spiegel an, so kann ich das Öl förmlich von meinem Gesicht kratzen. Ich wasche mir jeden Tag in der Früh und am Abend das Gesicht mit einer passenden Pflege speziell für ölige Haut. Außerdem achte ich darauf, die überschüssige Fettschicht vor Auftragen meines Make-ups so gut wie möglich zu beseitigen.

Wie bereits erwähnt achte ich auch in meiner Make-up-Routine und bei der Auswahl der Produkte auf meinen Hauttypen. Ich verwende besonders gerne Puder und matte Produkte. Bei Foundation, Concealer und Co. gibt es mittlerweile auch Produkte, die extra für ölige Haut gemacht und auch so beschriftet sind. Das hilft beim Einkaufen, denn früher hatte ich ehrlicherweise Probleme damit, die passenden Produkte zu finden. Mein Make-up hielt nie, ich war noch öliger als am Morgen und durch das Öl, welches in vielen

Foundations, Concealern oder auch Lidschatten enthalten ist, verschmierte mein Look oder löste sich völlig auf. Mittlerweile habe ich meine Routine und die Auswahl meines Equipments perfektioniert, was mir ungemein bei meinem Alltags-Make-up, aber auch bei meinen ausgefalleneren Looks hilft.

Welcher Hauttyp bist du?

Auch wenn es bei dir vielleicht offensichtlich scheint, so kannst du dich doch auch manchmal täuschen, was deinen Hauttyp betrifft. Eine genaue und präzise Auskunft darüber kann dir dein Hautarzt oder auch eine Kosmetikerin liefern, mit dem folgenden Test kannst du aber deinen groben Hauttyp selbst ermitteln und deine Pflege- und Make-up-Routine entsprechend anpassen.

Der Test ersetzt keine Experteneinschätzung. Vor allem bei sehr empfindlicher, geröteter oder extrem trockener Haut lohnt sich ein Besuch beim Dermatologen!

Schminke dich vor dem Test gründlich ab und wasche dein Gesicht. Gib deiner Haut etwas Zeit, sich zu erholen und trage keine zusätzlichen Produkte auf. Wirf nun einen Blick in den Spiegel und versuche zu analysieren, wie deine Haut aussieht und wie sie sich anfühlt.

HAUTTYP-TEST

Wie groß sind deine Poren?

A. Die Poren sind kaum zu erkennen.

B. Sie sind sehr klein und erst bei genauer Betrachtung sichtbar.

C. Die Poren sind eher groß.

D. Die Poren an der Nase sind groß, die an den Wangen fein.

E. Die Hautporen sind weder zu groß noch zu klein.

Wie würdest du den Gesamteindruck deiner Haut beschreiben?

A. Sie ist feinporig und besitzt natürlichen Glanz, ist dabei weder fettig noch ölig.

B. Sie ist trocken, rötet schnell und spannt. Zudem gibt es schuppige Stellen.

C. Sie glänzt ölig und Unreinheiten zeichnen sich ab.

D. Sie ist in der T-Zone etwas fettig, die Wangen spannen.

E. Sie ist rot und an manchen Stellen irritiert.

Wie sieht dein Make-up einige Stunden nach dem Auftragen auf?

A. Unverändert.

B. Ungleichmäßig und an manchen Stellen trocken und schuppig.

C. Verlaufen, verschmiert und glänzend.

D. In der T-Zone glänzend.

E. Trotz Foundation oder Concealer gerötet.

Bilden sich auf deiner Haut oft Mitesser und Pickel?

A. Nein, ich hatte auch in der Pubertät keine Probleme mit unreiner Haut.

B. Nein.

C. Ja, ich leide häufig unter Pickeln und Mitessern.

D. Ja, aber nur in bestimmten Zonen wie der Stirn oder der Nase.

E. Besonders bei Stress, nach bestimmten Essen oder dem Gebrauch von speziellen Kosmetika bilden sich Unreinheiten und Rötungen.

Wie verhält sich deine Haut im Winter?

A. Meine Haut verändert sich nicht wirklich.

B. Trockene Heizungsluft und eisige Kälte trocknen meine Haut aus.

C. Meine Haut benötigt nicht unbedingt mehr Pflege als sonst.

D. Ich muss auf meine Wangen achten, da sie schnell austrocknen.

E. Meine Haut ist irritiert und gerötet.

Wie reagiert deine Haut auf die Sonne?

A. Neutral.

B. Meine Haut ist trocken und spannt. Salzwasser und Sonnencreme irritieren meine Haut.

C. Ich muss mich ständig eincremen, um keinen Sonnenbrand zu bekommen.

D. Ich muss mein Gesicht besonders pflegen, damit es nicht austrocknet.

E. Ohne Sonnenschutz kann ich nicht vor die Tür gehen. Meine Haut ist sehr schnell rot und irritiert.

Welcher dieser Beschreibungen passt am besten zu deiner Haut?

A. Meine Haut ist ebenmäßig, gut durchblutet und gänzlich frei von Unreinheiten.

B. Meine Haut spannt und schuppt.

C. Meine Haut glänzt und neigt zu Pickeln und Mitessern.

D. Meine Haut besitzt sowohl trockene als auch fettige Areale.

E. Meine Haut reagiert schnell auf Umwelteinflüsse und ist oft gereizt.

AUSWERTUNG

Du hast es geschafft! Sieh dir jetzt alle deine Antworten noch einmal an. Der Buchstabe, den du am häufigsten ausgewählt hast, bestimmt deinen Hauttypen.

ÜBERWIEGEND A: NORMALE HAUT

Glückwunsch, normale Haut wünschen sich wohl die meisten von uns und haben die wenigsten. Deine Haut ist weder zu fettig noch zu trocken und du hast einen schönen gleichmäßigen Teint. Alles, was du brauchst, ist eine unkomplizierte Tages- und Nachtpflege, die deine Haut mit etwas Feuchtigkeit versorgt. Beim Make-up kannst du nach eigenen Präferenzen entscheiden, denn sowohl Puder als auch Creme und Mousse sind für die normale Haut geeignet.

ÜBERWIEGEND B: TROCKENE HAUT

Deine Haut ist schnell irritiert und mag keine großen Temperaturschwankungen. Sie ist trocken, schuppig und nimmt vor allem pudriges Make-up nicht gut auf. Bei deinem Hauttyp kannst du vor allem nachts viel bewirken. Während du schläfst, erholt sich deine Haut von den Turbulenzen des Tages, mit der richtigen Pflege kannst du diesen Prozess zusätzlich unterstützen. Vor dem Schlafengehen empfehle ich eine reichhaltige Nachtcreme. Auch die Tagescreme sollte feuchtigkeitsspendend und idealerweise mit Lichtschutzfaktor versehen sein. Für dein Make-up eignen sich vor allem flüssige und cremige Alternativen.

ÜBERWIEGEND C: FETTIGE HAUT

Juhu, wir sitzen im selben Boot. Auch du hast, so wie ich, ölige Haut, die sich durch große Poren auszeichnet. Auch wenn der fettige Film manchmal nervt, habe ich gute Nachrichten für dich! Denn fettige Haut altert langsamer. Bei uns ist vor allem eine gründliche Reinigung wichtig. Verwende täglich einen milden Reinigungsschaum und wende einmal wöchentlich ein sanftes chemisches Peeling an. Leichte, nicht fettende Feuchtigkeitspflege sowie matte Make-up-Produkte ohne Öl sind empfehlenswert.

ÜBERWIEGEND D: MISCHHAUT

Deine Haut ist ein wahrer Mischmasch. Einerseits trocken, andererseits fettig. Während die T-Zone schnell ölig erscheint, sind Wangen und die Haut unter den Augen oft trocken und fein. Die Pflege der Mischhaut ist nicht einfach und erfordert viel Aufmerksamkeit, denn im Idealfall sollte für Wangen und Augen eine andere Pflege als für die T-Zone angewendet werden. Allerdings gibt es mittlerweile auch Produkte, die extra für Mischhaut ausgelegt sind. Ein mildes Waschgel, eine leichte Feuchtigkeitscreme und Make-up ohne Öl eignen sich für dich am besten.

ÜBERWIEGEND E: EMPFINDLICHE HAUT

Deine Haut ist sensibel und reagiert schnell auf Umwelteinflüsse wie Sonne und Kälte oder auf Inhaltsstoffe gewisser Kosmetika. Reinige und pflege dein Gesicht mit milden Produkten und tupfe es trocken, anstatt wild daran zu reiben. Auch Peelings solltest du mit Vorsicht genießen. Beim Make-up solltest du unbedingt auf pflegende Inhaltsstoffe achten, die deine Haut nicht irritieren.

DER HAUTUNTERTON

Während uns die Hauttypen dabei helfen, die richtigen Produktarten und Pflegeartikel zu verwenden, kann uns das Identifizieren unseres Hautuntertons bei der Auswahl der richtigen Farben von Make-up sowie Foundation helfen. Ich bin mir sicher, wir kennen alle das Gefühl, frustriert im Geschäft nach einem passenden Ton für die Foundation zu suchen und von dem Angebot, den Farben und dem eigenen Teint überfordert und verwirrt zu sein. Kennst du allerdings deinen Unterton, wird dir die Wahl des richtigen Farbtons in Zukunft um einiges leichter fallen. Verwendest du nämlich den falschen Ton für dein Make-up, wirkt dein Gesicht schnell aschig, zu rot, zu rosa oder sogar orange oder gelb. Und das wollen wir unbedingt vermeiden.

Der Unterton der Haut wird grob in warme, kühle und neutrale Töne unterteilt. Gerne wird auch der Olivton extra hervorgehoben, welcher unter die warmen Töne fällt. Außerdem gibt es Mischtöne wie neutral-warm. Unser Oberflächenhautton kann sich zwar durch Sonneneinstrahlung, Hautunreinheiten wie Mitesser und Rötungen oder Stress kurzfristig verändern, der Unterton der Haut bleibt aber immer derselbe. Glücklicherweise gibt es ein paar einfache Tricks, um deinen Unterton selbst zu erkennen. Folge den Anweisungen und du wirst deine perfekte Foundation bald mit links finden.

1. DER PAPIER-TEST

Um deinen Unterton zu identifizieren, halte ein weißes Blatt oder reinweißes Kleidungsstück neben dein Gesicht. Wirkt deine Haut eher rosa oder bläulich-rot? Dann ist dein Unterton mit hoher Wahrscheinlichkeit eher kühl. Sieht deine Haut gelblich oder golden aus, ist das ein Anzeichen für warme Untertöne. Ist keines davon der Fall, ist deine Haut neutral. Ein gelblich-grüner Schimmer kann auf einen olivfarbenen Unterton hinweisen.

2. DIE VENEN

Auch über unsere Venen können wir auf unseren Unterton schließen. Schaue dir genau die Venen auf deinem Handgelenk an. Sind sie eher lila oder blau, deutet das auf einen kühlen Unterton hin. Sind sie eher grünlich, kann das auf einen warmen Unterton hindeuten. Sind beide Farben zu erkennen, bist du neutral.

3. SCHMUCK

Auch die Wahl unseres Schmucks kann Aufschluss über den Unterton geben. Steht dir nämlich Silberschmuck besser, hast du wohl einen kühlen Unterton. Passt dir Goldschmuck ausgezeichnet, bist du eher ein wärmerer Typ. Neutrale Töne können beides tragen.

4. WIE REAGIERT DEINE HAUT AUF DIE SONNE?

Wirst du schnell braun? Oder leidest du bereits nach fünf Minuten in der Sonne unter einem Sonnenbrand? Kühle Typen sind tendenziell der Sonne gegenüber empfindlicher. Sie bekommen schnell einen Sonnenbrand und erröten. Warme Typen werden in der Regel schnell braun, da die Haut etwas mehr Melanin enthält.

Neutrale Typen werden meist zwar nicht schnell oder übermäßig braun, sie müssen allerdings auch nicht besonders vorsichtig sein, wenn sie sich in der Sonne aufhalten.

KÜHLER UNTERTON

Hast du einen eher kühlen Unterton, erkennst du das am schnellsten über deine lila oder blauen Venen. Deine Haut wirkt rosa oder rot, dir steht vor allem Silberschmuck und du musst dich vor der Sonne schützen. In deiner Haut ist weniger Melanin enthalten, weshalb du kaum bräunst. Rötungen und Sommersprossen können ebenfalls ein Indiz für einen kühlen Unterton sein.

Ich finde, kühlen Typen stehen vor allem Farben aus der kühleren Hälfte der Farbtabelle auf Seite 82. Sie erinnern oft an Meer oder Winter. Farben wie Blau, Grün und Violett, aber auch helle Pastelltöne wie Rosa oder Lavendel sowie ein kühles Grau und Silber wirken auf kühlen Hauttönen besonders stimmig.

NEUTRALER UNTERTON

Deinen neutralen Hautton erkennst du über deine blau-grünen Venen. Deine Haut hat weder pinke, rote oder blaue noch gelbe oder goldfarbene Töne. Dir schmeichelt sowohl Gold- als auch Silberschmuck.

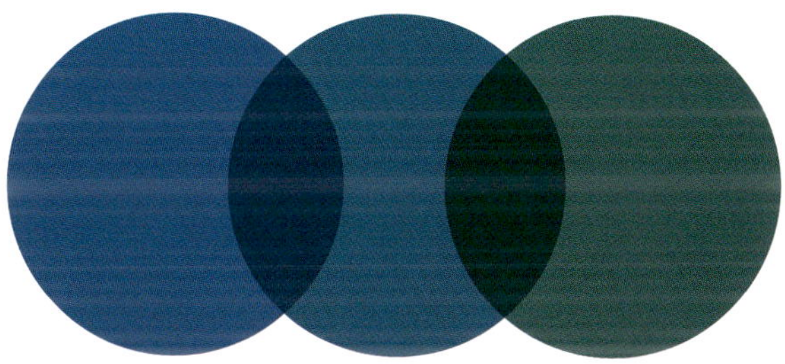

Neutrale Haut lässt sich praktisch mit jeder Farbe kombinieren. Ich finde vor allem Pflaume, Violett, Rot und Rosa besonders schön bei neutralen Untertönen.

WARMER UNTERTON

Deinen warmen oder auch den olivfarbenen Unterton kannst du an grünen und olivfarbenen Venen festmachen. Deine Haut erscheint oft gelb, golden oder pfirsichfarben und du greifst intuitiv zu Goldschmuck. In der Sonne wirst du eher braun als rot.

Warme und erdige Grüntöne sowie intensive Braun- und Beigetöne stehen dem warmen Unterton ausgezeichnet. Auch Gold, Rot und Orange sind Farben, die mit dem warmen Unterton gut harmonieren.

Eine grobe Übersicht

Auch wenn wir die einzelnen Hautfarben nie genau abbilden, pauschalisieren oder zuordnen können und auch die Farbwahl deines Lidschattens, Puders, Lippenstifts oder deiner Outfits nicht von deinem Unterton, sondern von deiner Lust und Laune und deinem Charakter abhängt, habe ich dir eine kleine Farbtabelle zusammengestellt, um dir einen groben Überblick über die warmen, kalten und neutralen Untertöne und die jeweils dazu passenden Farben zu geben.

FARBTABELLE

KALTE HAUTTÖNE

KALTE NEUTRALE

KALTE FARBEN

WARME HAUTTÖNE

WARME NEUTRALE

WARME FARBEN

Die Foundation-Frage

Welche Foundation ist nun die richtige? Oft greifen wir daneben. Die Foundation ist zu hell, zu dunkel, zu gelb oder zu gräulich. Hast du deinen Unterton ermittelt, bist du schon einen großen Schritt weiter.

Die meisten Make-up-Marken geben uns mittlerweile einen eindeutigen Anhaltspunkt. Sie tragen Bezeichnungen, aus denen direkt ersichtlich wird, welchen Unterton sie haben.

c = cool (kühler Unterton)

n = neutral (neutraler Unterton)

w = warm (warmer Unterton)

Während also der Buchstabe auf der Foundation auf den Unterton hinweist, weist die Zahl, die meist vor dem Buchstaben zu finden ist, auf die Helligkeit der Farbe hin. So ist die Farbe **1C** zum Beispiel eine sehr helle Foundation für einen kühlen Hautunterton, während die **4W** eine mittlere Farbe für einen warmen Unterton darstellt.

Natürlich ist das alles in der Theorie einfacher gesagt als in der Praxis umgesetzt. Deswegen rate ich dir in erster Linie, verschiedene Foundations auszuprobieren, sobald du deinen Unterton identifiziert hast. Den genauen Ton wirst du mithilfe der Tester mit Sicherheit finden. Es lohnt sich übrigens, die Foundation auf der Kieferpartie auszutesten.

Verschwindet sie und verschmilzt sie mit der Farbe deines Kiefers, ist das ein gutes Indiz dafür, dass du deine passende Farbe gefunden hast.

Die Foundation lediglich auf deinem Handrücken zu testen, reicht meist nicht aus, da sich die Farbe unserer Hände und die unseres Gesichts stark unterscheiden können. Die Farbe nur am Gesicht, also beispielsweise an den Wangen, zu testen, kann ebenfalls zu einer falschen Kaufentscheidung führen. Durch Unreinheiten, Rötungen und Sommersprossen kann unser Hautton nämlich verfälscht werden. Am Ende soll die Foundation zu unserem Gesamtbild passen, nicht nur zu unserem Gesicht.

Wenn du noch immer Schwierigkeiten bei der Wahl des richtigen Tons hast, kannst du jederzeit das Personal vor Ort nach Hilfe fragen.

DIE AUGENFARBE

Bei der Farb- und Produktauswahl unseres Make-ups kommt es nicht allein auf die Beschaffenheit und den Unterton unserer Haut an. Geht es um die Auswahl unseres Lidschattens, spielt auch die Farbe unserer Augen eine Rolle.

Nicht jeder beliebige Lidschatten passt automatisch zu jeder Augenfarbe. Auch wenn ich der Meinung bin, dass es eigentlich keine Grenzen gibt, wenn es um Make-up geht, und dass jede Augenfarbe jede Lidschattenfarbe tragen kann, so gibt es doch gewisse Farben, die unsere Augen besonders leuchten lassen und ihnen schmeicheln.

Das Kontrast-Geheimnis

Bei der Auswahl der Lidschatten-Farbpalette wirken viele Menschen oft unsicher. Es fehlt der Mut zur Farbe und die altbewährte Standardfarbe wird herangezogen. Außerdem gibt es oft eine falsche Auffassung darüber, welche Farbe nun tatsächlich mit der eigenen Augenfarbe zusammenpasst.

Wir greifen oft automatisch zu Farben, die unserer Augenfarbe ähneln. Damit die Augenfarbe aber so richtig zur Geltung kommt und flasht, solltest du zu einer Kontrastfarbe, auch Komplementärfarbe genannt, greifen.

Komplementärfarben helfen uns im Make-up des Öfteren aus. Sie umfassen jene beiden Farben, die im Farbkreis gegenüber voneinander liegen und auf den ersten Blick gar nicht zusammenpassen. Die Komplementärfarbe von Rot beispielsweise ist Grün. Das kommt uns vor allem beim Color Correcting zugunsten.

Bei den Augen bewirkt die Komplementärfarbe eine Verstärkung. Die Augenfarbe wirkt intensiver und strahlender, wenn wir einen Kontrast-Lidschatten verwenden. Hast du blaue Augen, dann versuche es beim nächsten Mal mit einem Rot- oder Orangeton. Bei braunen Augen kannst du einen sanften Blauton versuchen, bei grünen Augen könntest du dich an verschiedene Rosatöne wagen. Je nach Farbton variiert die Kontrastfarbe natürlich, anhand des Farbkreises kannst du dir allerdings Anhaltspunkte holen.

BRAUNE AUGEN

Die häufigste Augenfarbe der Welt profitiert vor allem von kühlen sowie kräftigen Farben. Der Vorteil der Rehaugen ist die große Auswahl an Farben, die ihnen schmeicheln. Von Türkis über Khaki bis hin zu Pflaumen- und Beerentönen, Gold- oder Silbernuancen. Je kühler der Lidschatten, desto wärmer wirken in der Regel die braunen Augen.

BLAUE AUGEN

Blaue Augen sind auch ganz ohne Lidschatten auffallend und strahlend. Dennoch kannst du ihnen mit der richtigen Farbe noch mehr Ausdruck verleihen. Dezente Töne wie Rosé- oder Apricotfarben eignen sich ideal für ein sanftes Augen-Make-up. Auch Braun- und Beigetöne intensivieren das blaue Strahlen deiner Augen. Wer es etwas glamouröser mag, kann zu Bronze- und Goldtönen greifen, selbst dunkle Grau- und tiefe Schwarztöne schmeicheln den blauen Augen und lassen sie mysteriös wirken. Etwas extravaganter, für mich aber eine meiner Lieblingsfarben bei blauen Augen, ist ein warmer Orangeton wie zum Beispiel Koralle.

GRÜNE AUGEN

Die seltenste Augenfarbe ist etwas ganz Besonderes. Um sie perfekt zum Ausdruck zu bringen, kannst du bei alltäglichen Looks vor allem auf zarte Rosa- und Lilatöne sowie erdige Braun- und Beigetöne setzen. Auch ein goldener Lidschatten überzeugt auf grünen Augen. Um deine Augen ultimativ in Szene zu setzen, greife zu einem kräftigen Pflaumenton oder, wenn du mutig bist, zu einem leuchtenden Pink.

Bei deinen Augen geht es sehr viel um dich. Du musst dich mit ihnen wohlfühlen, dir muss in erster Linie ihre Wirkung und ihr Strahlen gefallen. Auch wenn du auf Farben setzt, die eigentlich laut dem Farbkreis oder laut meinen Empfehlungen nicht perfekt zu deiner Augenfarbe passen, dann lass dich nicht davon abbringen. Auch ich schminke mich oft extrem oder so, wie sich sonst keiner schminkt. Make-up und die richtige Farbwahl haben viel mit Intuition und Geschmack zu tun. Höre also in erster Linie auf dich selbst.

COLOR CORRECTING

Egal ob kühler oder warmer Typ, normale, fettige oder trockene Eigenschaften, niemand von uns hat makellose Haut. Kleine Unreinheiten, unebenmäßiger Teint, Augenringe oder Fältchen zeichnen das Hautbild der meisten von uns ab. Manchmal mehr, manchmal weniger.

Ähnlich wie wir uns die Komplementärfarben bei der Auswahl passender Make-up-Produkte, wie beim Lidschatten in Kombination mit unserer Augenfarbe, zunutze machen können, so kann uns die Farblehre auch dabei helfen, kleine Makel verschwinden zu lassen. Mit dem sogenannten Color Correcting, also der Farbkorrektur, können wir jene Farben, die einander am Farbkreis gegenüberstehen, kombinieren und somit neutralisieren.

Bunte Concealer, in flüssiger, cremiger und pudriger Form erhältlich, werden auf eine gefärbte Hautstelle aufgetragen, so werden sie optisch ausbalanciert.

Das Wichtigste bei der Farbkorrektur ist das ausreichende Verblenden der Farben. Immerhin sollten die bunten Farbtöne mit der Haut verschmelzen. Harte Linien und Konturen sind zu vermeiden, cremige Texturen werden mit einem Pinsel oder Applikator aufgetragen und dann mit einem Schwamm sanft verblendet. Im Anschluss kannst du dann mit deinem normalen Make-up, mit deiner Foundation oder deiner BB-Creme weitermachen.

GRÜN

Grün ist die Komplementärfarbe von Rot. Ein grüner Concealer wird daher gerne bei kleinen Rötungen, Pickeln oder roten Äderchen eingesetzt. Bei großflächigen Rötungen im gesamten Gesicht kannst du statt dem Concealer auch einen grünen Primer verwenden, er neutralisiert die Farbe im gesamten Gesicht.

GELB

Gelb neutralisiert Blau und Violett. Damit kannst du also dunklen Augenringen und fahlem Teint entgegenwirken. Wende die Farbe allerdings nur auf den tatsächlich dunklen Stellen an.

LILA

Lila ist die Komplementärfarbe zu Gelb und eignet sich gut, um Pigmentflecken zu kaschieren. Der Ton schenkt deiner Haut den gewissen Glow und bringt müde, leicht gelbstichige Haut zum Strahlen.

PFIRSICH

Der helle Farbton, auch Apricot genannt, zaubert Frische ins Gesicht. Farbkorrektur mit Pfirsichtönen kann sowohl dunkle als auch helle Pigmentierungen sowie bläuliche Augenringe neutralisieren. Bei besonders dunklen Augenringen tupfe den Color Corrector unter deine Augen ein und verwende anschließend einen Concealer.

TUTORIAL: PICKEL ABDECKEN

Um dir zu veranschaulichen, was du alles mit Color Correcting kaschieren kannst, möchte ich dir gerne zeigen, wie ich meine Pickel abdecke. Ich mache mir die Komplementärfarbe von Rot, also Grün, zu eigen, um störende Rötungen wie Pickel verschwinden zu lassen. Klingt wie Magie, funktioniert aber tatsächlich.

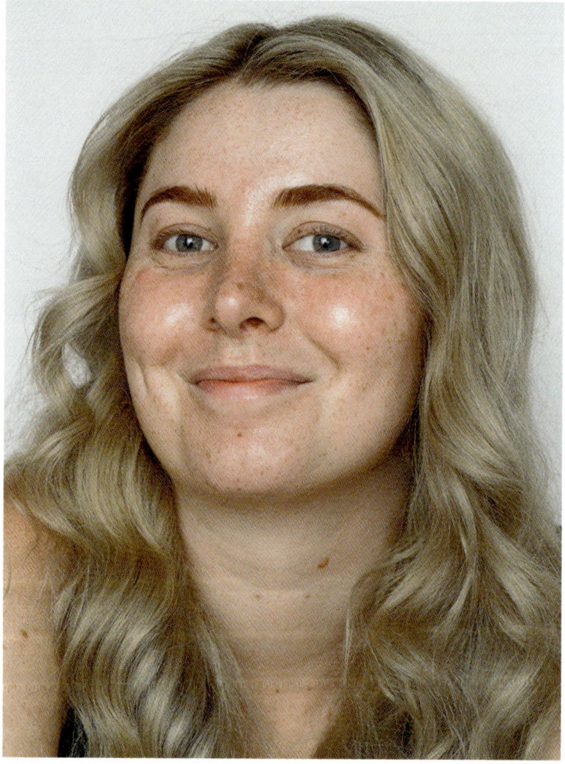

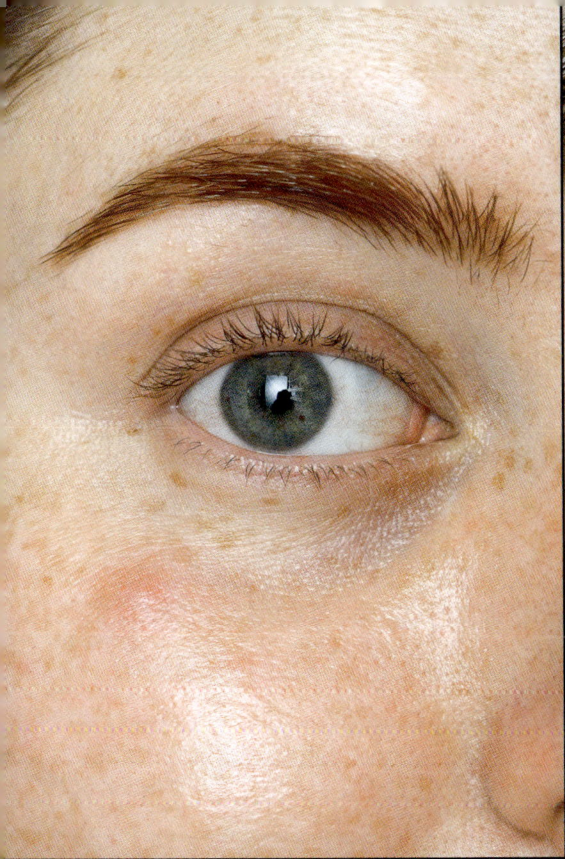

Ich wähle einen leicht grünlichen Ton und verteile ihn mit einem präzisen Pinsel direkt auf meinem Pickel.

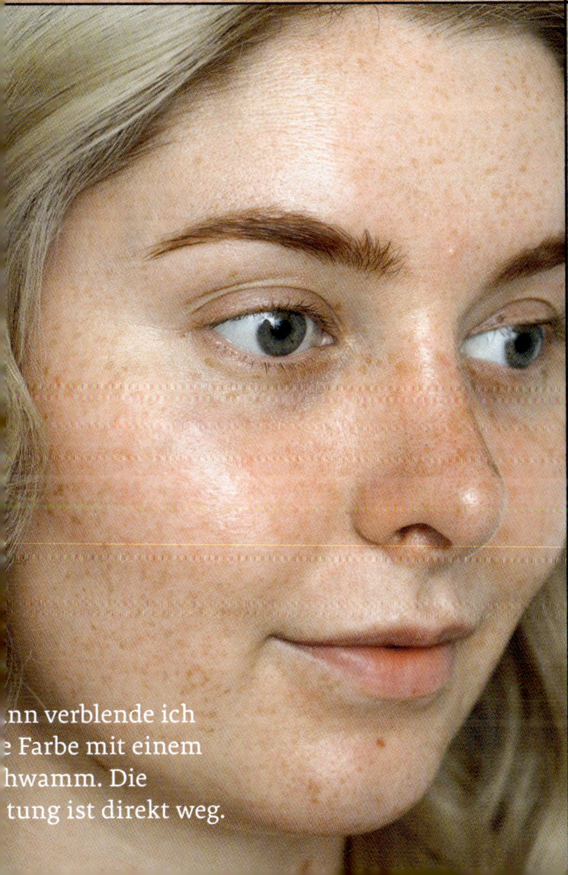

…nn verblende ich …e Farbe mit einem …hwamm. Die …tung ist direkt weg.

Nimm einen gut deckenden und deiner Hautfarbe entsprechenden Concealer zur Hand und verteile ihn auf dem Pickel.

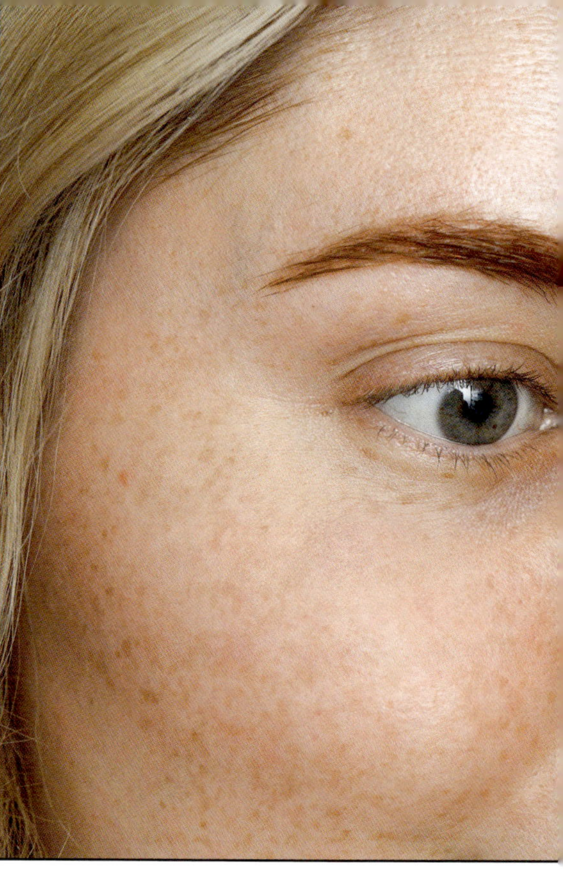

Dann geht es wieder ans Verblenden. Sei hier aber vorsichtig, denn verblendest du den Concealer zu stark, blitzt schnell wieder der Pickel durch. Zu guter Letzt versiegle ich das Ganze mit einem leichten Puder.

Nun kannst du dich wie gewohnt weiterschminken. Der Pickel ist verschwunden.

Kenne dich, deine Haut und deine Bedürfnisse

Dein Make-up muss in erster Linie dir gefallen. Dabei kann es hilfreich sein, deinen Hauttypen, deinen Unterton und die Komplementärfarben zu kennen, um etwas nachzuhelfen. Die Farblehre bietet uns einfache Tricks, um Hautunreinheiten zu kaschieren und einen Lidschatten zu wählen, der unseren Augen schmeichelt. Dennoch darfst du dich nicht einschränken lassen. Egal welcher Hauttyp du bist, ob du kühle oder warme Untertöne hast, du kannst alles rocken, wenn du es mit Selbstbewusstsein trägst.

Probieren und Experimentieren sind der beste Weg, um deinen eigenen Typen optimal in Szene zu setzen. Im Make-up gibt es keine Regeln, keine klaren Einschränkungen. Trends entstehen oft durch absurde neue Kombinationen und Experimente. Traue dich also auch mal an ausgefallene Farben und nutze die Vorteile der Farblehre. Identifiziere deinen Hauttyp und deinen Unterton und gib deiner Haut das, was sie tatsächlich braucht. Scheue aber keinesfalls davor zurück, bei langanhaltenden Veränderungen oder Problemen mit deiner Haut den Dermatologen aufzusuchen.

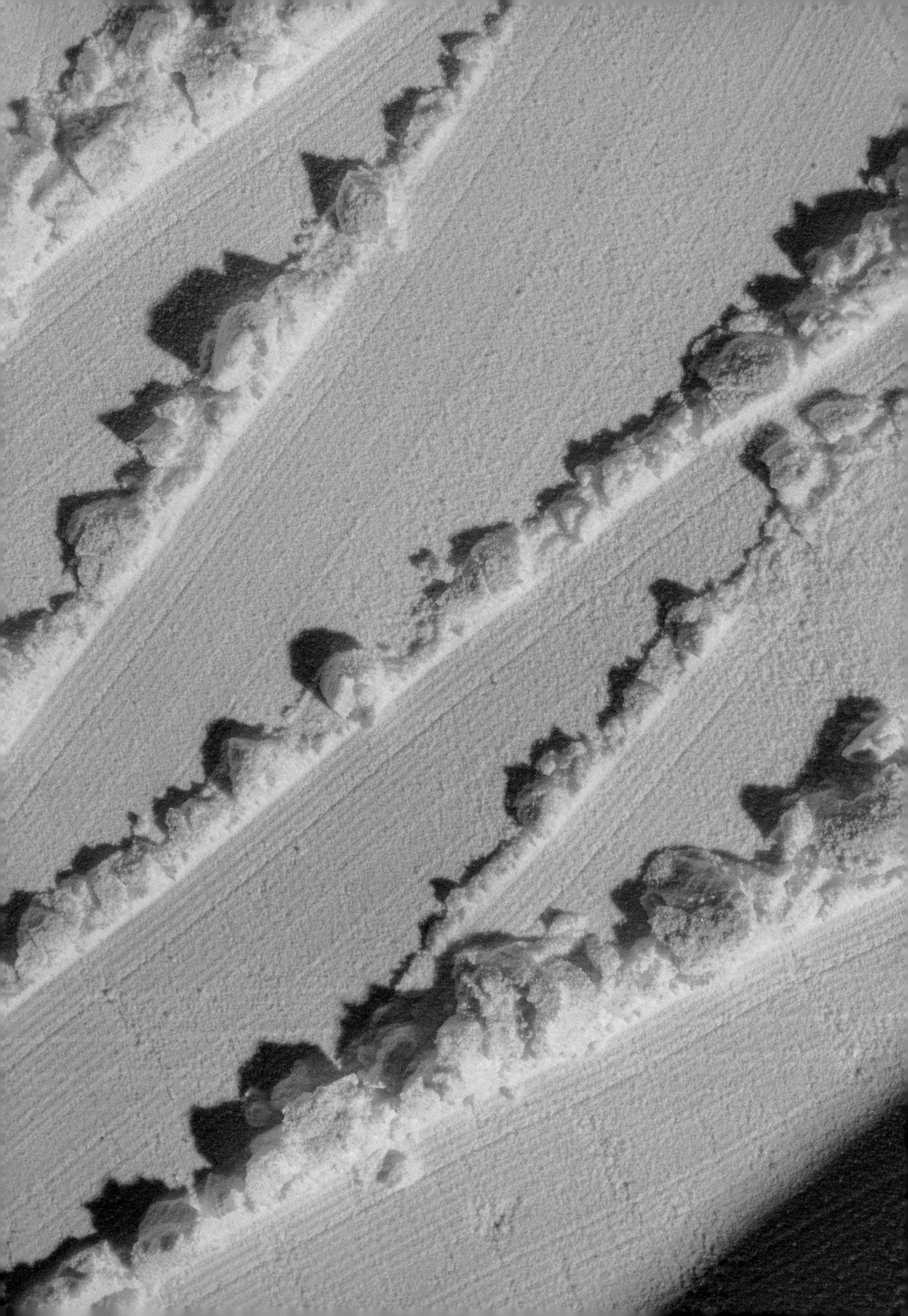

DIE BASICS

MAKE-UP FÜR ANFÄNGER

Wer mir auf meinen Kanälen folgt, der weiß, ich liebe crazy und ausgefallene Looks. Verrückte Halloween-Verkleidungen, Special-Effect-Make-up und knallige Farben zeichnen meine heutigen Styles aus. Doch auch ich habe mit den Basics angefangen. Und dir rate ich das auch.

Während der Anfänge meiner Social-Media-Karriere schminkte ich vor allem einfache Looks. Simples Everyday-Make-up sowie der richtige Eyeliner-Schwung gehörten zu meinen Standard-Tutorials. Denn auch wenn die Basics manchmal einfach wirken, kann gerade bei den reduzierten Looks viel schiefgehen. Bei dem dezenten Clean-Girl-Look fallen Fehler schnell auf. Auch beim vermeintlich einfachen Eyeliner können Asymmetrie oder die Wahl der falschen Wing-Form unerwünschte Ergebnisse mit sich bringen.

Manchmal helfen kleine Tipps und Tricks, um die Basics zu meistern. Auch Hacks aus den sozialen Medien können dabei helfen, sie zu perfektionieren und interessante, aber dennoch einfache Looks zu kreieren. Du brauchst weder viele teure Produkte noch jahrelange Erfahrung oder Expertise. Etwas Übung, die korrekte Reihenfolge und das richtige Maß an Produkten bilden eine perfekte Basis für dein Alltags-Make-up.

Weniger ist mehr

Ich kann mich noch genau an meine Schmink-Anfänge erinnern. Viel Foundation, mehrere Schichten Mascara und Unmengen an Puder. Wir alle kennen die klassische Magnum-Eis-Haut. Wie eine Schicht Schokolade ummantelt das übermäßige Make-up unsere Haut.

Je mehr du draufklatschst, desto höher ist die Gefahr für ein unschönes Finish.

Wenn wir uns schminken, wollen wir oft etwas überdecken, hervorheben oder unterstreichen. Nicht selten denken wir, je mehr Produkte wir dafür verwenden, desto besser und intensiver das Ergebnis. Aber leider gilt eher, je mehr Produkte, desto höher die Gefahr auf schlampige Ergebnisse. Bei zu viel Foundation kann unser Gesicht schnell fleckig oder maskenhaft wirken. Bei zu viel Mascara verklumpen unsere Wimpern und sehen nicht mehr definiert aus. Bei zu viel Puder wirkt die die Haut sehr trocken und schuppig.

Mein Ratschlag daher: Weniger ist mehr. Versuche dich anfangs mit wenigen Produkten und geringer Menge an dein Wunschergebnis heranzutasten. Hast du morgens keine Zeit, um viel zu verblenden, dann verzichte auf Foundation und setze eher auf eine BB-Creme oder nutze so wie ich nur den Concealer. Gerade wenn es schnell gehen soll, ist es oft besser, auf weniger Produkte zu setzen, die nicht viel Zeit oder Skill in Anspruch nehmen.

Die richtige Reihenfolge

Auch wenn es logisch klingt und wir im Zuge des Equipments schon kurz angeschnitten haben, in welcher Reihenfolge wir unsere Produkte für ein tägliches Alltags-Make-up auftragen sollten, will ich es noch einmal hervorheben:

Tagescreme → Sonnenschutz (oder beides in einem) →
Foundation/BB-Creme/Concealer

Natürlich ist die Reihenfolge bei jedem von uns anders. Während du vielleicht gerne Foundation oder BB-Creme verwendest, nutze ich nur Concealer. Auch die Schritte danach variieren je nach Präferenzen. Nachdem unsere Haut passend abgedeckt und vorbereitet ist, kommt gerne Blush, Highlighter oder wiederum das Augen-Make-up dran.

Zu welchem Produkt du für deine Haut greifen solltest, weißt du nun vielleicht. Je nach deinem Hauttyp kann das eine flüssige Foundation, ein Puder, aber auch eine simple gefärbte Tagescreme sein. Es kann auch sein, dass du dich bei deiner Make-up-Routine nur auf deine Augen oder Lippen konzentrierst. In jedem Fall sind Tagescreme und Sonnenschutz essenziell, um deine Haut für Make-up, aber auch Umwelteinflüsse über den gesamten Tag hinweg zu schützen.

Entwickle ein Gefühl für dein Gesicht

Kennst du deine Vorzüge? Weißt du, was du am liebsten hervorhebst? Beim Make-up ist es wichtig, ein Gefühl für dein Gesicht, deine Augen, deine Haut und deine Ecken und Kanten zu bekommen. Wenn du erst einmal weißt, was du eigentlich hervorheben möchtest, läufst du nicht Gefahr, andere Bereiche zu überschminken. Gleiches gilt für das Bewusstsein für deinen Hauttyp und Unterton.

Gerade wenn du noch am Anfang stehst, kann ich dir empfehlen, dir einen Bereich auszusuchen, den du mit deinem Make-up besonders unterstreichen willst. Das können Lippen oder Augen, Augenbrauen, aber auch die Wangen oder die Haut sein. Es kann der Bereich in deinem Gesicht sein, der dir am besten gefällt, aber auch der, dem du am meisten Aufmerksamkeit schenken möchtest.

TUTORIAL: CLEAN-GIRL-LOOK

Ich liebe ein simples, aber wirkungsvolles Make-up. Ein idealer Weg, um das zu erreichen, ist mit dem »Clean-Girl-Look«. Influencerinnen und Hollywood-Stars wie Sofia Richie Grainge, Kendall Jenner, Hailey Bieber, oder Bella Hadid machen es vor. Der Look feiert auch auf TikTok schon seit Monaten einen wahren Hype. Der natürliche und minimalistische Look unterstreicht die Schönheit und Leichtigkeit einer Frau. Schwere Foundation, dicker Lidstrich oder intensiver Lippenstift sind hier fehl am Platz. Ein glossy und strahlendes Finish mit nur wenigen Produkten und wenig Aufwand zeichnen diesen Look aus, weshalb er sich in meinen Augen auch ideal für Anfänger eignet. Damit du den Style auch selbst zu Hause nachschminken kannst, zeige ich dir Schritt für Schritt meine eigene Interpretation des Clean-Girl-Looks.

Ich starte mit einem glowy Concealer und verteile eine kleine Menge an den Stellen, die ich abdecken und highlighten möchte.

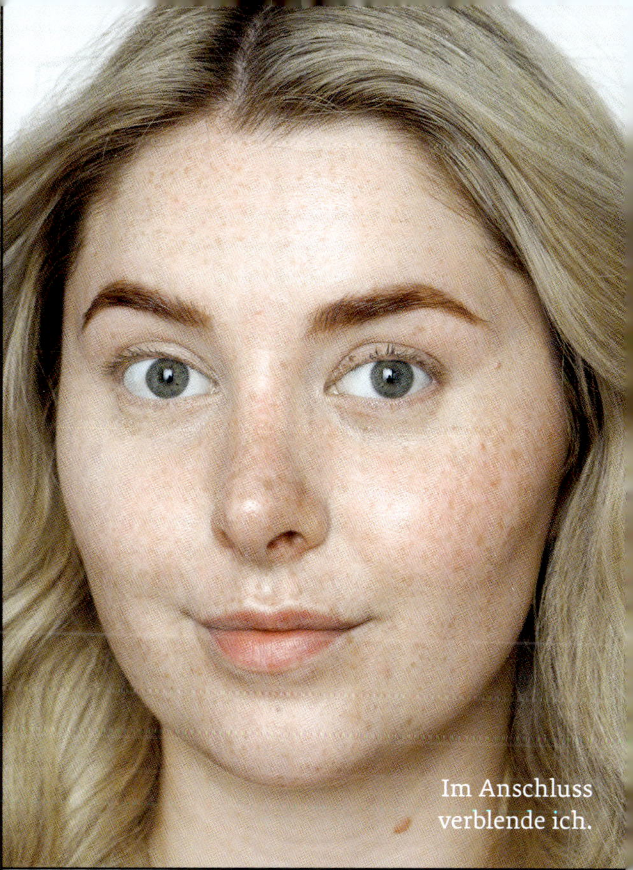

Im Anschluss verblende ich.

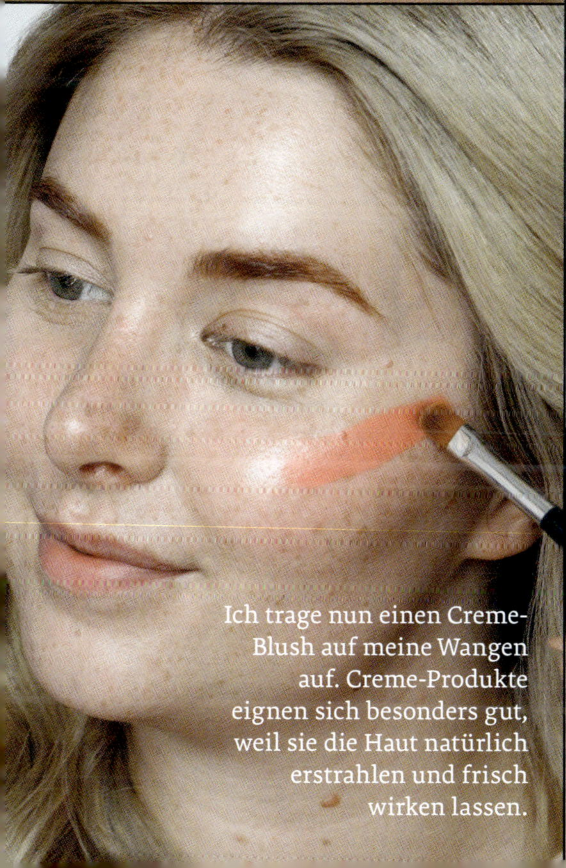

Ich trage nun einen Creme-Blush auf meine Wangen auf. Creme-Produkte eignen sich besonders gut, weil sie die Haut natürlich erstrahlen und frisch wirken lassen.

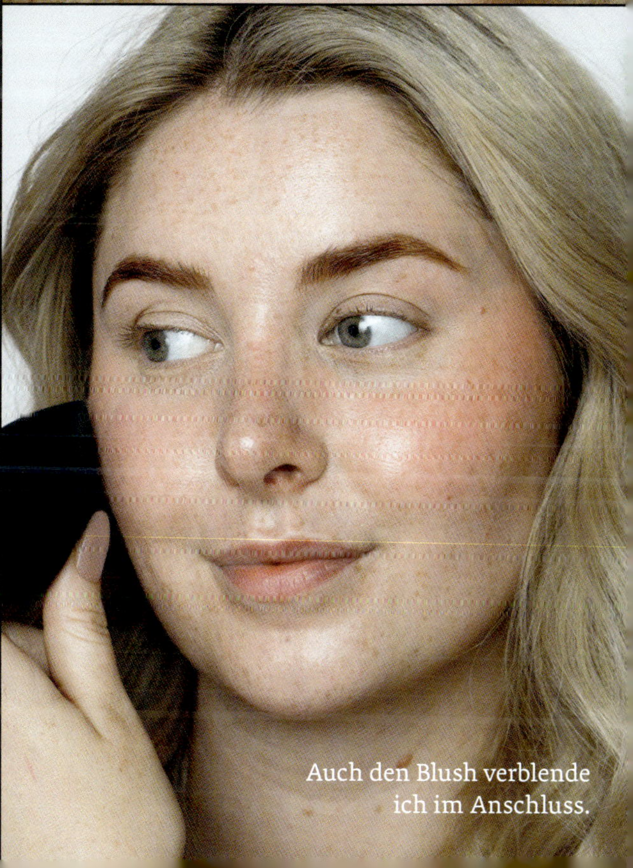

Auch den Blush verblende ich im Anschluss.

Danach trage ich Highlighter auf. Ich platziere ihn gerne auf den oberen Wangenknochen und am Nasenrücken.

Mit einem Puder kan du optional gewi Stellen wie die H unter den Augen o die T-Zone sett

Ich bürste meine Augenbrauen mit einer Augenbrauenbürste oder einem Augenbrauengel zurecht.

Ich trage eine dü Schicht Mascara meine Wimpern

um Schluss trage
:h noch etwas
ipgloss oder
ippenöl auf.

Der fertige Clean-Girl-Look.

Der perfekte Wing

Für mich gehört ein schön geschwungener Eyeliner-Strich zu den Basic-Skills dazu. Wir alle scheiterten bereits daran, manchmal fehlt Zeit und Motivation, um uns dem Lid hinzugeben. Dennoch kann der richtige Wing viel für unsere Augen tun. Er kann sie vergrößern, aber auch verkleinern. Er kann uns wach oder müde, mysteriös oder sogar sexy wirken lassen.

Dabei kommt es aber nicht alleinig auf Material und Technik an, auch unsere eigene Augenform spielt bei der Wahl des Eyeliners eine große Rolle. Es lässt sich schwer verallgemeinern, wem welcher Lidstrich passt, gewisse Augenformen können aber von gewissen Schwüngen profitieren.

KLEINE AUGEN

Wer kleine Augen hat, kennt das Problem. Lidstrich oder Lidschatten können sie oft ungewollt noch kleiner erscheinen lassen. Es sieht so aus, als wäre das Auge nicht richtig offen, als wären wir verschlafen oder desinteressiert.

Zum Glück haben wir die Möglichkeit, unser Auge mithilfe des Lidstrichs größer wirken zu lassen. Setze dafür entweder mit einem gut gespitzten Kajal-Stift oder einem flüssigen Eyeliner in der Augenmitte an und ziehe den Strich nach außen, um am Ende einen kleinen Flügel zu zeichnen. Der Strich sollte in der Mitte des Auges dünn sein, gegen außen darf er dicker werden. Bei Bedarf kannst du nun das Gleiche mit dem Kajal-Stift am unteren Wimpernkranz wiederholen. Ziehe den Kajal von außen dünner werdend bis hin zur Augenmitte. Achte aber darauf, nicht die gesamte untere Wasserlinie mit dunklem Kajal zu schminken, denn das verkleinert dein Auge nur noch mehr.

Den Look kannst du mit sanften braunen Lidschattentönen vollenden. Im Augenwinkel kannst du einen hellen Lidschattenton auftragen, um das Auge optisch zu vergrößern. Diesen Effekt kannst du verstärken, indem du einen weißen oder hellen Kajal-Stift direkt auf die Wasserlinie aufträgst.

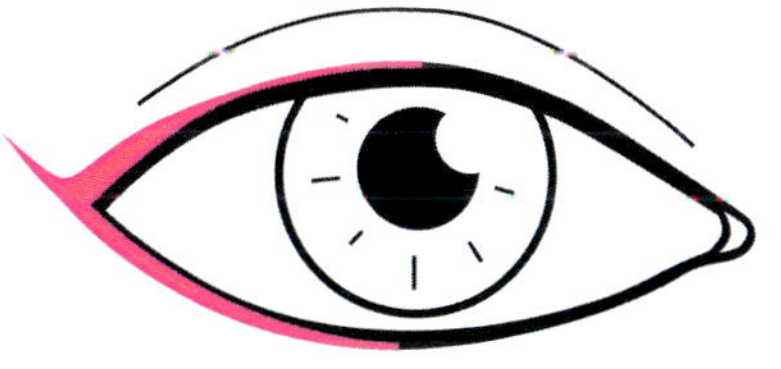

GROSSE AUGEN

Hast du große Augen, kannst du mit deinem Lidstrich eigentlich fast alles. Es macht nichts, wenn dein Auge aufgrund durchgehender Lidstriche am unteren oder oberen Wimpernkranz etwas kleiner wirkt.

Ich finde den Cat Eye Look bei großen Augen besonders schön. Ziehe hierfür deinen Lidstrich, am besten mit flüssigem Eyeliner, am oberen Lid von ganz innen nach ganz außen. Werde gegen außen hin etwas dicker, gerne kannst du hier bei der Größe und dem Winkel deines Wings etwas herumexperimentieren. Mit einem wasserfesten

Konturenstift kannst du nun im inneren Augenwinkel ein kleines »V« auftragen, um deine Katzenaugen zu perfektionieren.

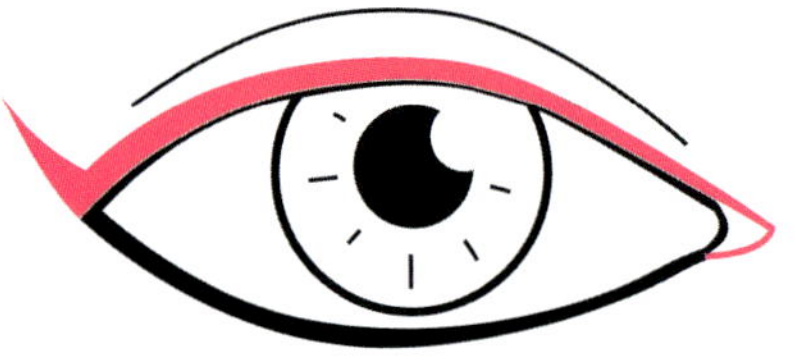

SCHLUPFLIDER

Bei Schlupflidern ist es wichtig, den Eyeliner zu ziehen, während das Auge offen ist. Beginne dafür im inneren Augenwinkel und ziehe ganz nah am Wimpernkranz gegen außen hin eine dünne Linie.

Den Wing, also den Eyeliner-Flügel, solltest du so weit außen wie möglich platzieren. Er kann gerne etwas dicker sein und sollte einheitlich mit dem Lidstrich über eine gerade Linie hin verbunden werden.

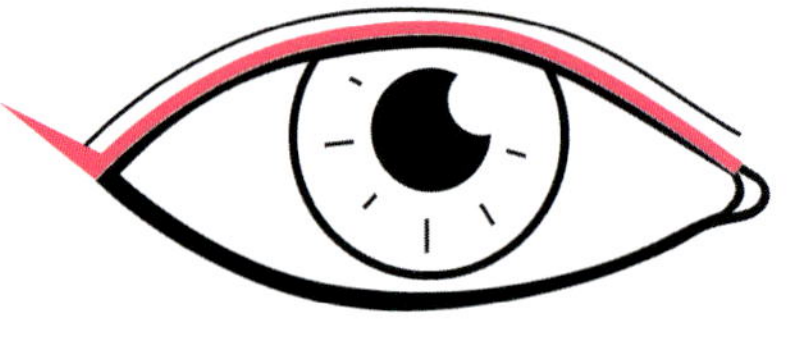

WEIT AUSEINANDERSTEHENDE AUGEN

Um weit auseinanderstehende Augen optisch näher zusammenzubringen, sollte der Lidstrich weit im inneren Augenwinkel angesetzt werden. Dabei sollte er gleichmäßig, eher etwas breiter sein und gegen außen hin keinen großen Flügel haben. Auch hier empfiehlt sich ein flüssiger Eyeliner.

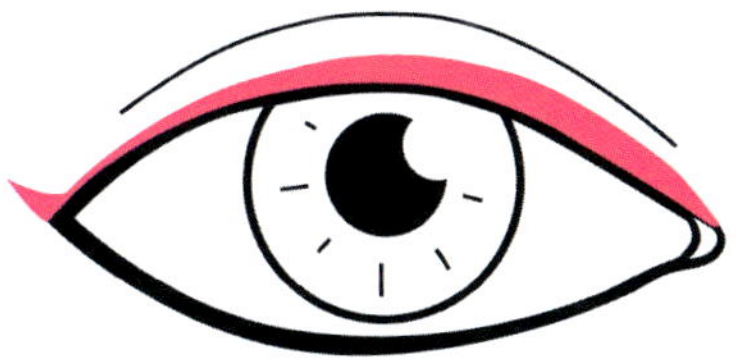

ENGSTEHENDE AUGEN

Um engstehende Augen optisch etwas auseinanderzurücken, solltest du den oberen Lidstrich in der Mitte des Auges ansetzen und nach außen hin dicker ziehen. Verbinde im Anschluss den oberen Lidstrich mit dem unteren, den du ebenfalls nur zur Augenmitte hinziehst.

Deine Augen wirken sofort weiter voneinander entfernt und ebenfalls etwas größer. Ein dicker, langer Flügel verstärkt diesen Effekt.

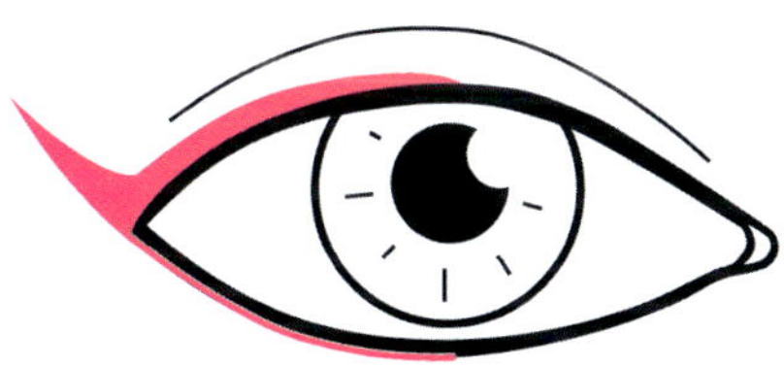

TUTORIAL: PAULAS EYELINER-WING

Den perfekten Schwung hinzubekommen, ist tatsächlich nicht gerade einfach. Da wir alle aber einen schönen Schwung lieben, zähle ich den Wing dennoch zu den Basics. Auch wenn alle Augenformen unterschiedlich sind und wir andere Vorstellungen eines perfekten Wings haben, möchte ich dir Schritt für Schritt zeigen, wie ich meinen Go-To-Wing schminke.

erst setze ich am Außenwinkel
eines Lids an und ziehe
ne dünne und gerade
nie nach außen.

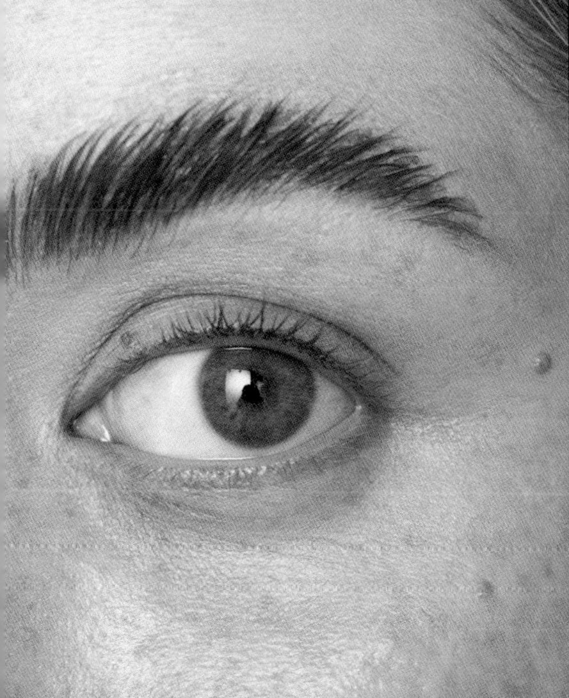

Diese erste Linie definiert den Winkel und die Länge meines Eyeliner-Wings.

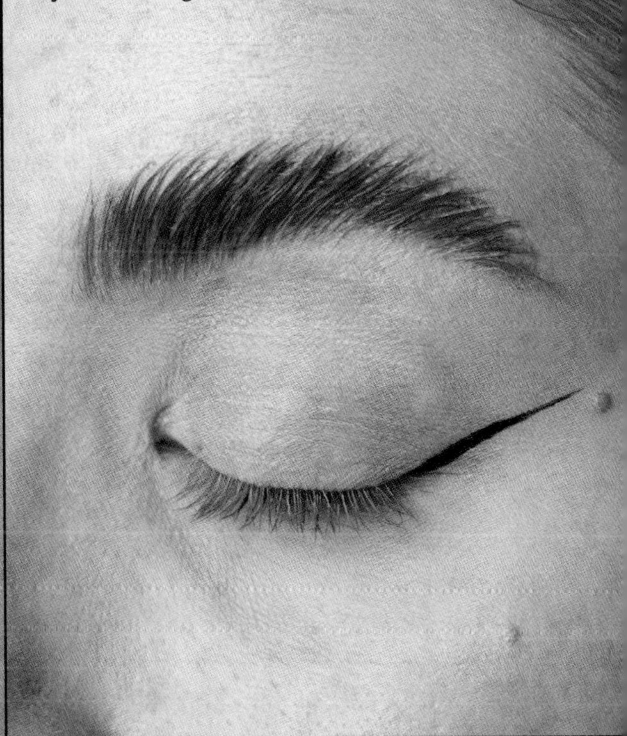

on der Spitze meiner ersten
nie weg, ziehe ich dann die
veite Linie zurück. Das
ldet die Grundbasis für
einen Wing.

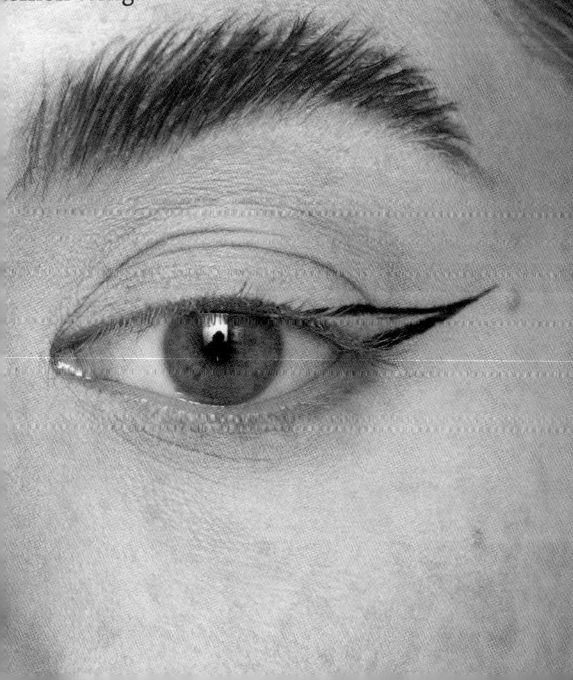

Jetzt beginne ich damit, die Linie vorne am Auge zu ziehen.

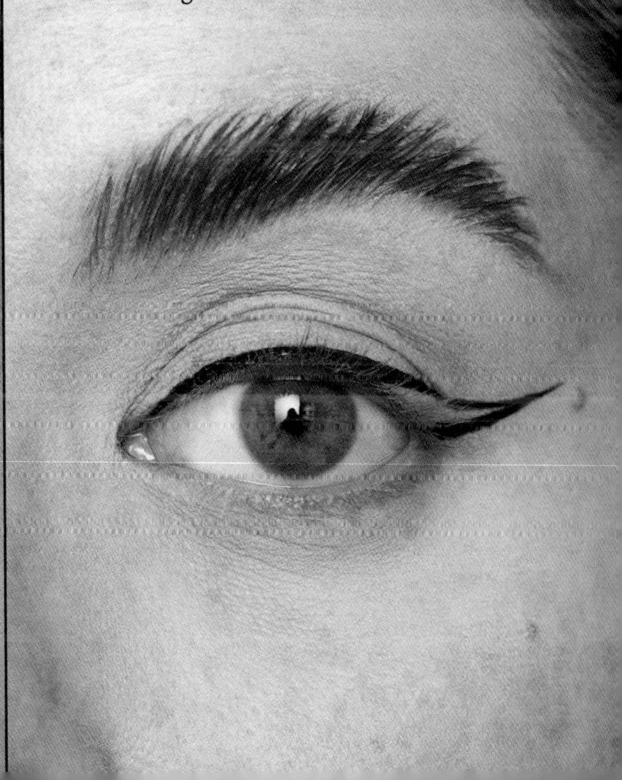

Je nach Augenform kannst du auch erst später, am Mittelpunkt des Auges oder noch weiter außen mit dem Ansetzen deiner Linie beginnen. Da ich nicht allzu viel Platz auf meinem Lid selbst habe, ziehe ich gerne eine eher dünne Linie. Hast du mehr Platz, kannst du auch einen dickeren Strich ziehen. Im Anschluss male ich meinen Wing aus und perfektioniere seine Form. Unerwünschte Stellen können vorsichtig mit einem Wattestäbchen entfernt und der Look außerdem mit dem Concealer verfeinert werden.

Ich trage zum Eyeliner gerne noch Wimperntusche auf und schon ist mein Eyeliner-Look fertig.

SOCIAL HACK: SMOKEY EYELINER MIT TAPE

Auf den sozialen Netzwerken kursieren immer wieder neue Hacks, Tipps und Tricks für Make-up-Techniken. Manche davon funktionieren gut, andere sind weniger effizient. Für den perfekten Eyeliner eignet sich folgender Hack besonders gut, es gibt ihn schon länger, vielleicht kennst du ihn auch schon, dennoch möchte ich dir noch einmal Schritt für Schritt zeigen, wie du mit etwas Klebeband den perfekten Wing hinbekommst.

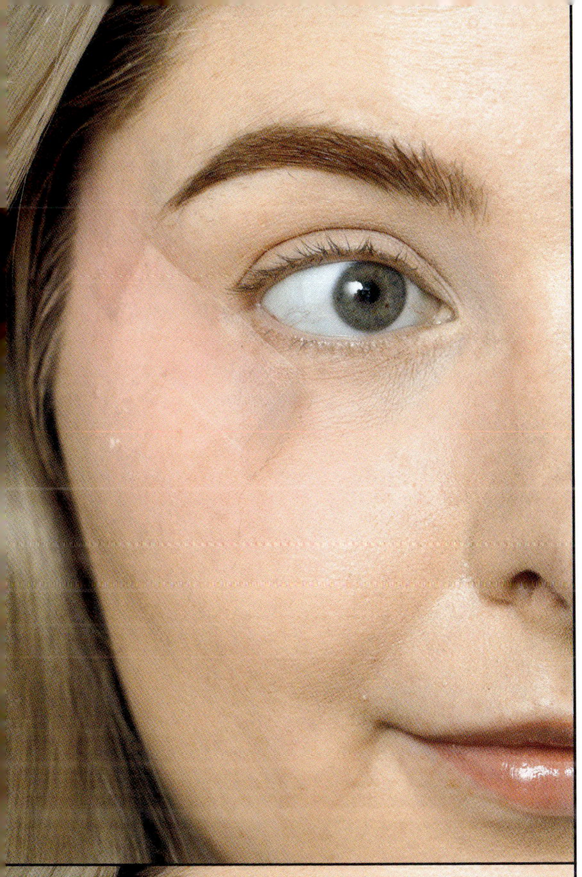

Ich nehme mir ein Stück Klebeband zur Hand, klebe es einmal an meinen Handrücken und ziehe es wieder ab. So stelle ich sicher, dass es nicht zu sehr an meiner Haut haftet. Ich klebe es dann entlang der Außenseite meines Auges fest, in dem Winkel, in dem ich auch meinen Eyeliner später zeichnen möchte.

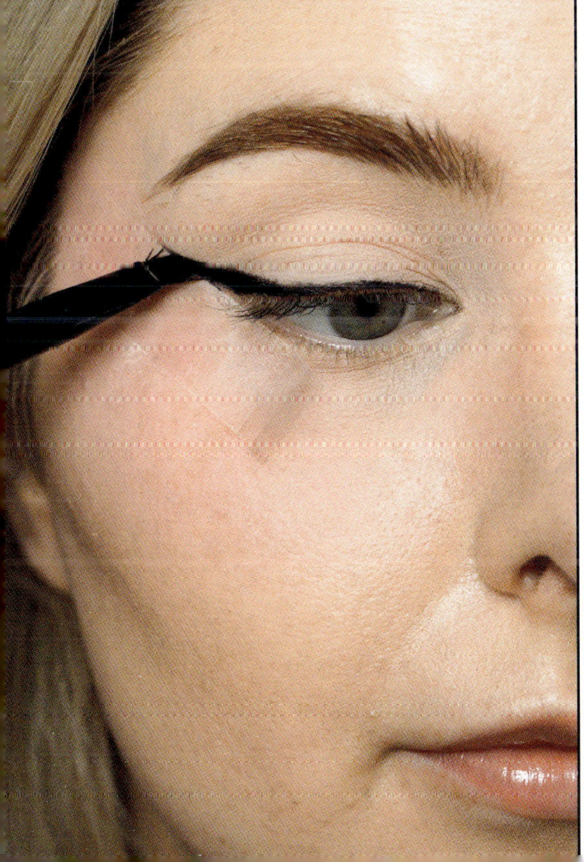

Anschließend ziehe ich mit einem Gel-Eyeliner oder einem Kajal entlang des Klebebands einen Wing. Ich muss nicht besonders genau sein und kann sogar auf das Klebeband zeichnen.

Mit einem kleinen Pinsel verblende ich den Eyeliner.

Zusätzlich blende ich einen braunen Lidschatten mit ein, um den Übergang noch sanfter und natürlicher zu machen. Du kannst auch gerne eine andere Farbe verwenden.

Zu guter Letzt ziehe ich vorsichtig das Tape ab und schon wird der scharfe und wunderschöne Eyeliner sichtbar.

Mascara oder Lashes vollenden den Look.

Mein Fazit: Ich liebe diesen Hack und wende ihn oft an.

Aller Anfang ist schwer

Das Wichtigste, was ich dir mit auf den Weg geben möchte, ist Mut und Selbstvertrauen. Gerade wenn du noch nicht so viel Erfahrung mit dem Schminken aufwendiger oder komplizierter Looks hast, darfst du dich nicht entmutigen lassen, wenn mal etwas nicht sofort klappt oder perfekt aussieht.

Auch ich stand in der Vergangenheit, sowie auch heute noch, oft verzweifelt vor dem Spiegel und musste mein Auge völlig abschminken und von vorne beginnen, weil mir ein Eyeliner-Strich oder ein Lidschattenlook missglückt sind. Simple Looks, die mit nur wenigen Produkten und ein paar Handgriffen erledigt sind, wie der Clean-Girl-Look, sind eine tolle Basis, um sich mit verschiedenen Techniken vertraut zu machen, dabei aber dennoch die natürliche Schönheit zu erhalten. Ich weiß, es sieht bei anderen immer so einfach aus, aber in der Welt des Make-ups macht Übung eben tatsächlich den Meister.

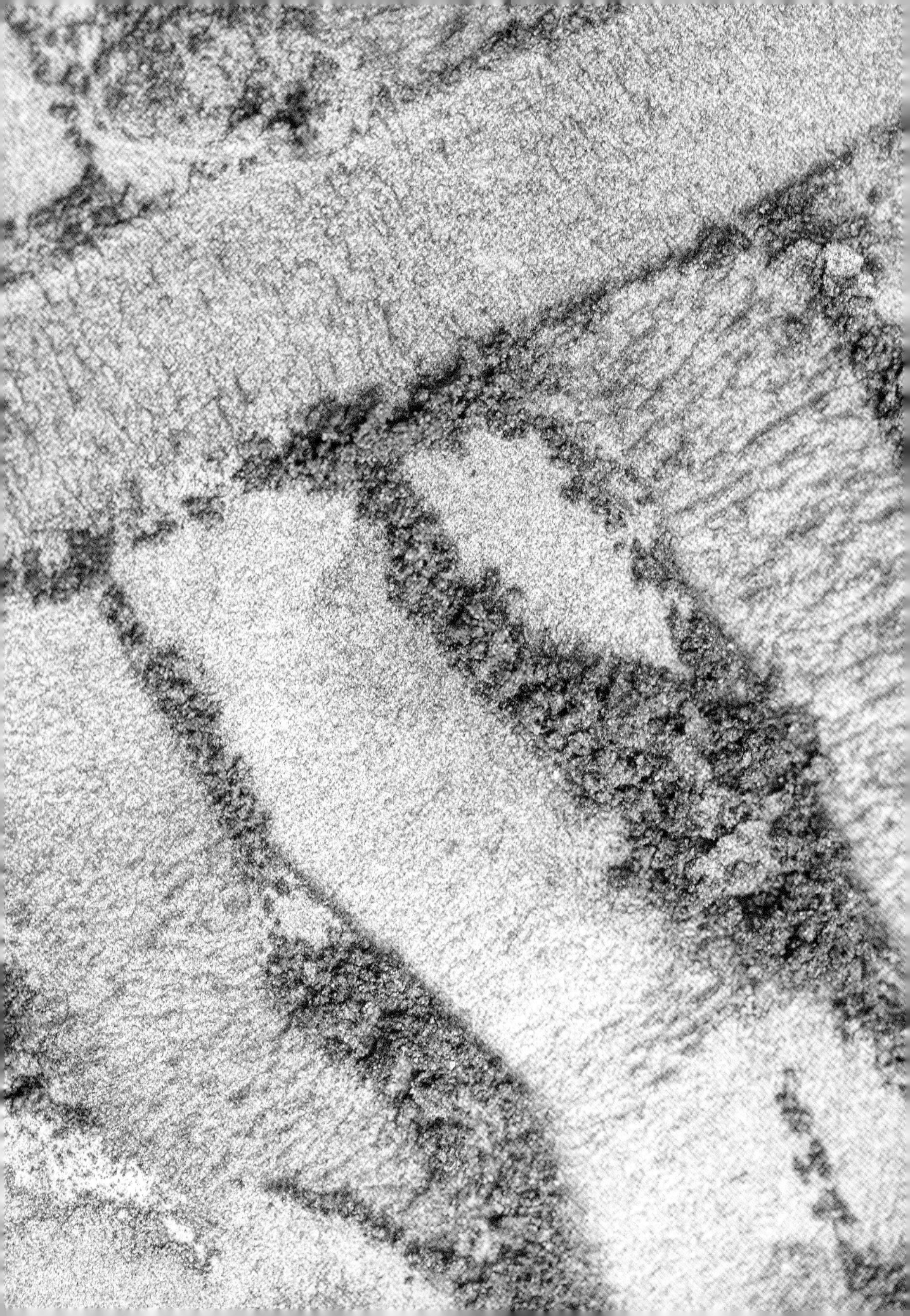

STILFINDUNG

WER BIST DU?

Bei den sich ständig verändernden Trends ist es oft schwer, den eigenen Stil zu finden und zu festigen. Über die letzten fünf Jahre hinweg, also die Zeit, in der ich mich intensiv mit Make-up, Trends und neuen Techniken beschäftigt habe, durfte ich feststellen, wie schnelllebig die Industrie und all die Trends tatsächlich sind. Von starken, knalligen Farben hin zu natürlichen und sanften Tönen, von dünnen über buschige Augenbrauen bis hin zu übermalten Lippen. Heute habe ich endlich meinen Look gefunden, der sich auch nicht so schnell und drastisch verändern wird, denn ich fühle mich wohl damit und verstecke meine natürlichen Features nicht durch ihn. Aber auch das hat sehr lange gedauert.

Wir alle durchleben gewisse Phasen

Früher habe ich mich ziemlich stark geschminkt. Egal ob zum Ausgehen, bei Familienfeiern oder auch nur um in die Schule zu gehen. Egal wo ich hinging, mein Make-up war intensiv. Viel Mascara, ein dicker Kajal-Strich oder ein dramatischer Eyeliner-Schwung zeichneten meine Looks aus. Und ich habe mir damals auch richtig gut damit gefallen. Einige Leute kamen zwar auf mich zu und wiesen mich darauf hin, dass mein Make-up im Vergleich zu meiner hellen, zarten Haut etwas hart aussehe oder dass ich meine schönen Sommersprossen nicht überschminken solle, aber eine Zeit lang lebte ich den Look.

Im Nachhinein gesehen finde ich es schade, mich unter meinem Make-up versteckt zu haben. Denn heute liebe ich meine Sommersprossen und meine natürlichen Akzente. Der Look, den ich damals trug, kaschierte meine Persönlichkeit und unterstrich sie nicht, so wie er es heute tut.

Ich liebe Make-up nach wie vor, auch intensive, aufwendige und harte Looks schminke ich gerne ab und an, um mich in eine neue Person zu verwandeln oder mich künstlerisch auszuleben. Manchmal liebe ich es, mich in die Grunge-Paula zu verwandeln, sie erinnert mich an meine Jugend, an die Zeit, in der ich am liebsten schwarze Klamotten und Doc Martens trug. Manchmal wiederum verwandle ich mich in Full-Glam-Paula. Sie kommt auch gerne zum Einsatz, wenn ich auf Events eingeladen bin, wenn es mal etwas classier sein soll.

Mein Everyday-Look ist aber mittlerweile an mich, meine Haut, meine Bedürfnisse und meine Persönlichkeit angepasst. Er kommt dem Clean-Girl-Look, den ich euch bereits präsentiert habe, ziemlich nahe.

TUTORIAL: GRUNGE

Egal ob in der Halloween-Zeit, zum Ausgehen oder an einem regnerischen Tag, manchmal fühle ich mich nach Grunge. Ich will mich dunkel anziehen und auch mein Make-up soll meine Stimmung widerspiegeln. Avril Lavigne hat es uns vorgemacht, sie und andere Rockstars der Vergangenheit und Gegenwart setzen auf dunklen Lidschatten, smudgy Finish und wenige Details.

Für meinen Grunge-Look trage ich zuerst wie gewohnt meine Base auf.

Jetzt kommt auch schon der Lidschatten zum Einsatz. Ich schminke mir dunkle Smokey Eyes (*siehe Tutorial: Smokey Eyes*). Ich benutze schwarzen Lidschatten mit einem Hauch von Lila. Es kann gerne etwas messy sein.

Beim Unterlid muss ebenso nicht an Lidschatten oder Kajal gespart werden. Ein smudgy Finish ist erwünscht.

Dunkler Lippenstift
vollendet den Look.

Stile können wir nicht vergleichen oder verallgemeinern. Jeder von uns ist so individuell und besonders, wir können und dürfen uns nicht einander anpassen und unsere verrückten, anderen oder besonderen Seiten ständig verstecken. Klar gibt es Momente, in denen wir vielleicht etwas ruhiger sind, keine Aufmerksamkeit erregen wollen und uns auch dementsprechend dezent schminken oder kleiden. Dann gibt es aber wieder Momente, in denen wir uns wohlfühlen, in denen wir confident sind und uns schön fühlen. Dann macht es auch unglaublich Spaß, herumzuexperimentieren, den eigenen Stil etwas zu erweitern oder eine andere Seite zu zeigen, die tief in dir schlummert, aber eben nicht immer zum Vorschein kommt. Je nach Lebensphase, Gemüt und Anlass, kann unser Stil variieren. Nutze besondere Veranstaltungen, um auch einmal eine andere Seite von dir zu zeigen oder um deinen Stil zu unterstreichen. Glaub mir, es macht unglaublichen Spaß.

TUTORIAL: FESTLICHER FULL-GLAM-LOOK

Steht die nächste Weihnachtsfeier, der nächste Ball oder eine Hochzeit an, darf es auch mal ein etwas dramatischeres Make-up sein. Ein Glam-Make-up muss nicht extra von einem Profi geschminkt werden. Mit ein paar einfachen Tricks kannst du es auch selbst zu Hause machen und siehst damit mindestens genauso gut aus wie nach dem Besuch bei einem Experten.

Ich fange wieder mit meiner gewohnten Base an. Diesmal trage ich sie allerdings etwas stärker als sonst auf. Viel Bronzer und viel Highlighter sind erwünscht.

uf den Lidern verblende ich erst einmal
ıit einem Lidschattenpinsel braunen
ıdschatten, vertiefe das Ganze am äußeren
ugenwinkel und verteile dann ein
äftiges, glitzerndes Gold auf der
ınenseite.

Auch an meinem unteren Wimpernkranz verteile ich mit einem Detail-Pinsel ein wenig Lidschatten.

nschließend ziehe ich meinen
inged Eyeliner.

Ich trage Mascara und optional Lashes auf.

Ich schminke mir mithilfe eines Lipliners und eines Lippenstifts rote Lippen und schon ist der glamouröse Look fertig.

Make-up ist individuell

Wenn wir auf der Suche nach uns selbst, nach einem Stil oder auch nach Vorbildern und Idolen sind, kommen uns oft bekannte Hollywood-Stars, Influencerinnen und Models entgegen. Sie sehen scheinbar immer perfekt aus. Sie haben den reduzierten Clean-Girl-Look oder den No-Make-up-Make-up-Look quasi ins Leben gerufen und sehen trotz dezentem Look und augenscheinlich kaum Make-up immer toll aus. Dieser Standard kann aber leider auch oft verunsichern.

Während es bei Hailey Bieber reicht, wenn sie ein Tüpfelchen Concealer verwendet, um ein ebenmäßiges Hautbild zu erzielen, kann jemand, der unter Akne leidet, nur davon träumen. Jede Make-up-Routine, jeder Look und jeder Stil kann nicht mittels Copy-Paste auf ein anderes Gesicht übertragen werden. Außerdem wird uns durch Photoshop und andere Tools eine heile Welt vorgespielt, die so nicht existiert. Neue Trends verleiten zum Mitmachen. Sehen sie dann aber anders aus als auf der Vorlage, kann das oft frustrieren. Lass dich davon nicht beeinflussen. Nimm die Trends nicht so ernst und bedenke immer, dass wir alle eine völlig andere Ausgangssituation haben.

Das Gesamtpaket

Dein eigener Stil hängt nicht nur von deinem Make-up ab. Die Kleidung, die du gerne trägst, die Musik, die du gerne hörst oder die

Hobbies und Leidenschaften, die du hast, bilden in Kombination mit deiner Persönlichkeit dein wahres Selbst. Mit der Hilfe von Make-up kannst du dieses unterstreichen, hervorheben, manchmal auch abwandeln. In neue Rollen zu schlüpfen ist genauso spannend, wie den eigenen Stil zu untermalen.

DIE SKILLS

MAKE-UP FÜR FORTGESCHRITTENE

Hast du die Basics einmal gemeistert und dich mit dir, deiner Haut und deinem Typen auseinandergesetzt, so kannst du deine Skills nun auch nutzen, um fortgeschrittene Techniken meiner Masterclass anzuwenden und auszuprobieren.

Von der Lippe bis zu den Augenbrauen gibt es unzählige Skills und Methoden, die uns dabei helfen können, die unterschiedlichsten Ergebnisse zu erzielen. Das Experimentieren mit Farben, Formen und Materialien kann so richtig Spaß machen, deswegen habe ich dir auch hier eine Auswahl aus meinem Skillset mitgenommen. Ich möchte dir zeigen, dass auch du die nötigen Skills hast. Außerdem werde ich dir ein paar Hacks vorstellen, die vor allem in den sozialen Medien hohe Popularität feiern.

LIPPEN

Fangen wir bei den Lippen an. Hier gibt es zum einen unzählige Farben, von knallig bis zu dezent. Außerdem gibt es unterschiedliche Finishes, von matten bis velvet und glossy Lippen. Auch die Arten, Lippenstift aufzutragen, variieren. Mit den richtigen Skills können wir sogar ein wenig die Form unserer Lippen optisch verändern.

Mit dem sogenannten Overlinen, also dem Überzeichnen der Lippe, können wir mithilfe von Lipliner und Lippenstift unsere Lippen größer erscheinen lassen.

Nutzt du einen Lipliner, ist es immer ratsam, einen in der gleichen Farbe wie dein Lippenstift oder eine Farbe dunkler zu wählen. Folge dann deinem natürlichen Lippenrand. Wenn du die Lippen größer erscheinen lassen willst, kannst du overlinen, also den Strich etwas oberhalb deiner natürlichen Lippenlinie ziehen.

Wichtig dabei ist, dass das Finish am Ende trotz Overlinen natürlich aussieht. Von sehr hellen und knalligen Farben kann ich beim Übermalen der Lippen abraten. Empfehlenswert sind klassische Konturfarben, also Brauntöne, natürlich Rottöne, aber auch kühlere Töne.

WO SOLLTE MAN OVERLINEN?

Achte beim Übermalen unbedingt auf die Stellen, die du hervorheben möchtest. Beim Lippenherz, also in der Mitte der Oberlippe, funktioniert das Vergrößern der Lippe besonders gut. Nach außen hin, Richtung Mundwinkel, solltest du eher wieder deiner natürlichen Lippenlinie folgen.

Mithilfe des Overlinens kann außerdem eine Asymmetrie ausgeglichen werden. Ist eine Hälfte deine Lippen kleiner als die andere? Dann übermale nur diese und halte dich bei der anderen Hälfte an deine natürliche Linie. Ist deine Unterlippe größer als die Oberlippe? Übermale nur die Oberlippe. So schaffst du Balance.

IMMER DABEIHABEN!

Entscheidest du dich für ein Lippen-Make-up, ist es essenziell, die verwendeten Produkte auch immer dabeizuhaben, wenn du außer Haus gehst. Lippenstift und Gloss müssen unbedingt mit, so kannst du sofort handeln, wenn mal etwas verwischt oder verschwindet. Möchtest du, dass dein Lippenstift besonders gut und lange hält, empfehle ich dir Liquid Lipstick. Dieser ist wasserfest und übersteht meist jedes Essen, selbst nach stundenlangem Tragen. Zur Sicherheit habe ich meinen Lipstick aber immer dabei, man kann ja nie wissen.

LIPGLOSS ALS GEHEIMWAFFE

Egal welchen Lippenstift oder Lipliner du verwendet, vollendest du dein Lippen-Make-up mit einem Lipgloss, wirken deine Lippen automatisch voller und plumper. Ein paar Tüpfchen oder eine dünne Schicht reichen, um eine optische Täuschung herzustellen. Vor allem nach dem Overlinen kann Lipgloss helfen, den Look natürlicher erscheinen zu lassen.

TUTORIAL: LIPLINER

Um dir zu veranschaulichen, wie genau das Overlinen funktioniert, habe ich dir ein kleines Tutorial vorbereitet.

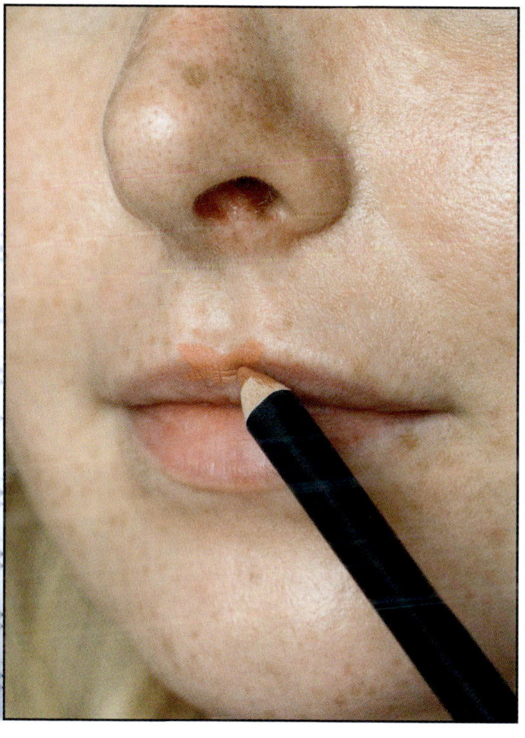

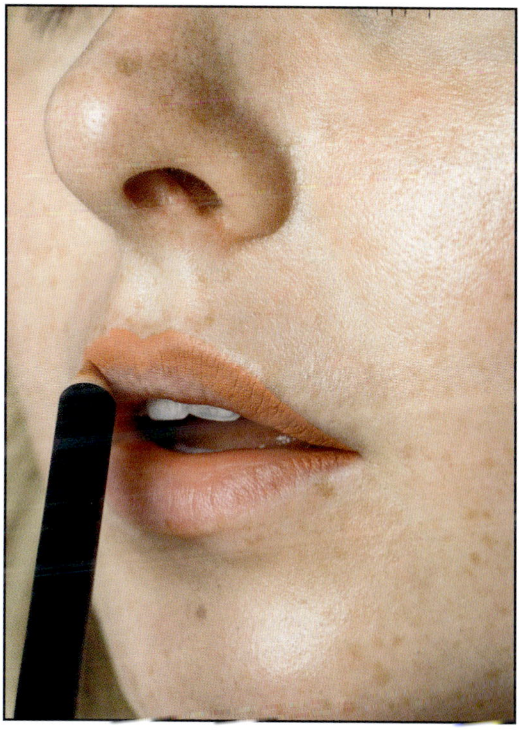

Ich habe mich für einen Lipliner in einem Nudeton entschieden. Ich beginne am Lippenherz, dem Cupids Bow, und übermale meine natürliche Lippenlinie leicht. Wichtig dabei ist es, nicht zu übertreiben, denn das Lippenherz bildet die Ausgangsposition für den restlichen Lipliner.

Ich mache mit den Seiten meiner Lippen weiter und übermale auch diese. An den Ecken ist es wie gesagt wichtig, nicht zu übermalen und mich an den natürlichen Verlauf meiner äußeren Lippen zu halten.

Das Ganze wiederhole ich dann auf der unteren Lippe. Auch hier beginne ich in der Mitte, arbeite mich an die Ränder meiner Lippen und male dann auch die Lippe mit meinem Lipliner etwas aus.

Nun kannst du di Lippen noch mi einem Lippenstif ausmaler

Ich habe mich dafür entschieden, zum Schluss noch ein Gloss aufzutragen, um meinen Lippen mehr Fülle und etwas Glanz zu verleihen.

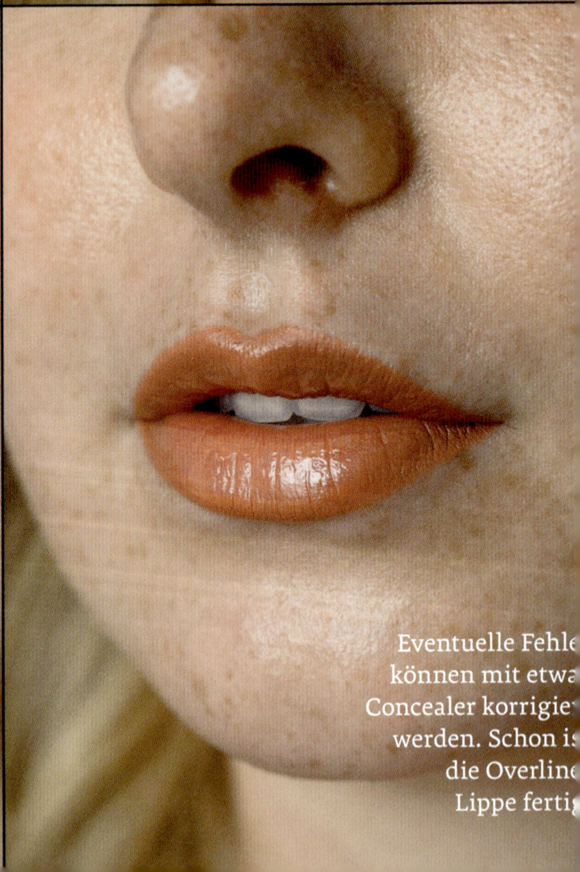

Eventuelle Fehle können mit etwa Concealer korrigie werden. Schon is die Overline Lippe ferti

AUGEN

Mit Augen-Make-up können wir unseren Looks einen Rahmen geben. Der Einsatz von Lidschatten und Eyeliner kann maßgeblich mitbestimmen, ob dein Look simpel und schlicht oder ausgefallen und einzigartig ist. Gerade beim Einsatz von farbigen Lidschatten gibt es aber ein paar Dinge zu beachten. Auch neue Trends wie die Cut Crease können für den Laien kompliziert erscheinen. Wie wir mithilfe kleiner Hacks einen bezaubernden Lidschatten hinkriegen, sehen wir uns jetzt genauer an.

TUTORIAL: SMOKEY EYE

Das Smokey Eye ist der Klassiker unter den Augen-Make-ups. Es gibt diesen Look schon sehr lange, dennoch hat er nie an Popularität verloren und ist in etwas abgewandelten Ausführungen heute, wie auch bereits vor Jahrzehnten, nicht aus der Make-up-Welt wegzudenken. Ob für einen Glam-Look, im Alltag oder aber auch einen grungigen Style, das Smokey Eye ist vielseitig einsetzbar und wirkt mit dem Einsatz unterschiedlicher Farben immer wieder neu und anders.

Ich habe bereits Lidschatten-Primer aufgetragen und beginne, mein Augenlid komplett schwarz anzumalen. Dafür verwende ich einen schwarzen Creme-Lidschatten. Hierfür kann auch ein cremiger Kajal verwendet werden, aber achte darauf, dass dieser nicht zu schnell trocknet.

Anschließend verblende ich die Farbe vorsichtig mit einem Lidschattenpinsel nach oben und füge eine Schicht Puder-Lidschatten hinzu, um alles zu perfektionieren und einen schönen Übergang zu schaffen.

chtung: verblende
en Lidschatten nicht
u weit nach oben,
nsonsten riskierst du
anda-Augen.

lit einem kleinen Pinsel
age ich auch unter den
ugen etwas Lidschatten
uf und verblende diesen
anft. Vorsichtig trage
h Kajalstift auf meine
Vasserlinie auf.

Mit Mascara und optional falschen Wimpern sowie einem sanften Schimmer in den Augenwinkeln perfektionierst du das Augen-Make-up.

Pro Tipp: Ein Smokey Eye kannst du in den verschiedensten Farben schminken, für einen softeren Look versuche es mal mit Brauntönen!

TUTORIAL: CUT CREASE

Der Begriff »Cut Crease« kommt aus dem Englischen und bedeutet so viel wie scharfe oder geschnittene Linie in der Lidfalte. Die Cut Crease sitzt genau in oder etwas oberhalb der Lidfalte und trennt optisch das bewegliche Lid vom restlichen Augenlid. Ein fortgeschrittenes Augen-Make-up mit Wow-Effekt.

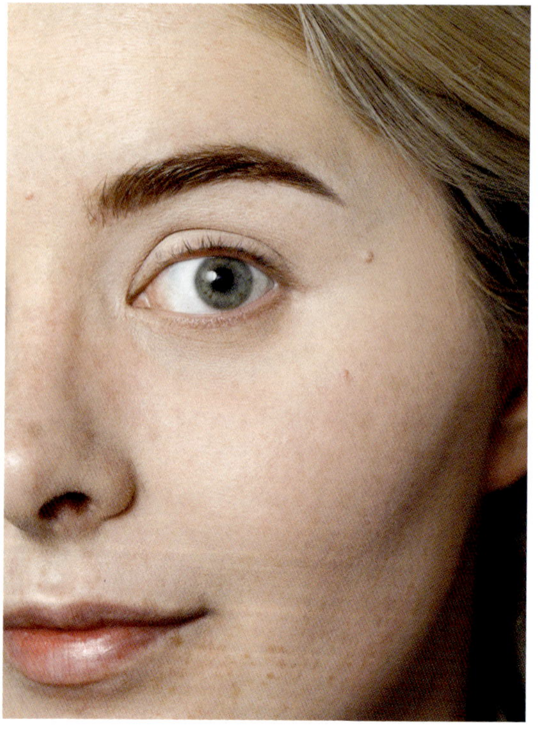

Gerade bei einem aufwendigen Lidschatten-Look ist es wichtig, einen Lidschatten-Primer zu verwenden. Ich arbeite den Primer gut in mein gesamtes Lid ein und sette ihn nicht.

h starte mit meiner dunkelsten Far-
:, in diesem Fall Lila, und trage sie
it einem kleinen Pinsel etwas über
einer natürlichen Lidfalte auf, dort,
o ich die Cut Crease haben möchte.

h verblende das Lila sanft mit einer
elleren Farbe, in meinem Fall einem
ichten Pink und einem Orangeton.

Anschließend nehme ich mir einen flachen Pinsel und einen deckenden Lidschatten-Primer oder Concealer, in meinem Fall in Weiß, zur Hand und beginne vorsichtig, meine Crease zu »cutten«. Ich trage den Primer entlang des Lidschattens auf. Anschließend verblende ich den Primer am gesamten restlichen Lid.

Pro Tipp: Nimm dir für diesen Schritt viel Zeit und übe dich in Geduld. Je genauer und sauberer du arbeitest, desto schöner wird die Cut Crease.

Optional kannst du nun weitere Farben auf dem Lid ineinander verblenden. Im Innenwinkel die Hellste, nach außen hin dunkler werdend. Die äußerste Farbe blende ich wie einen Eyeliner nach oben.

Zum Abschluss noch Mascara oder Lashes, und der auffällige Lidschatten-Look ist fertig.

TUTORIAL: REGENBOGEN-LIDSCHATTEN

Ich liebe bunte Farben und Regenbögen. Egal ob für die Pride oder auch im Alltag, meiner Meinung nach kann es oft nicht bunt genug sein. Es gibt allerdings einige Dinge zu beachten, wenn du deine Augen kunterbunt schminken möchtest.

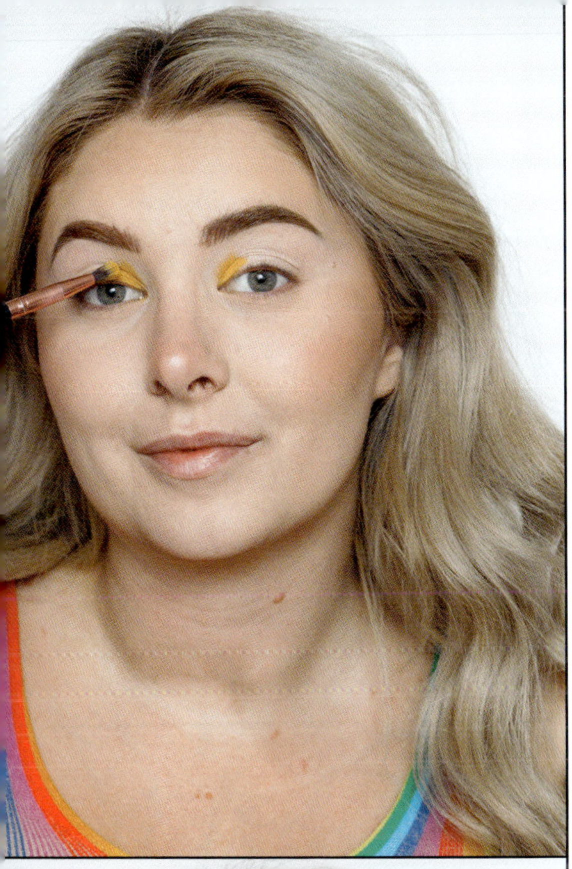

Ich prime meine Augen mit einem Lidschatten-Primer und starte im inneren Augenwinkel mit der Farbe Gelb.

Weiter geht es mit einem Orangeton und anschließend Rot. Du könntest auch lediglich Gelb und Rot verwenden, da sie durch das Verblenden einen Orangeton ergeben.

Ich verblende die Farben mit einem kleinen Pinsel miteinander, so lange, bis ein schöner Übergang entsteht. Anschließend fahre ich mit Pink und Lila fort.

Am äußeren Rand des Auges füge ich noch Blau und Grün hinzu. Das Gleiche wiederhole ich auf der Unterseite des Auges. Von Gelb bis Grün kommen auch hier alle Farben, wie oben, zum Einsatz.

Pro Tipp: Verblende unbedingt Farben miteinander, die gut zusammenpassen, wie beispielsweise Gelb und Orange oder Blau und Lila. Komplementärfarben lassen sich nicht miteinander verblenden.

eliner und
ascara vervoll-
ändigen
en Look.

SOCIAL HACK: LIDSCHATTEN

Das Auftragen und Verblenden von Lidschatten, vor allem wenn verschiedene Farben im Spiel sind, erfordert Geduld und auch etwas Übung. Zum Glück hat das Internet einen weiteren Hack hervorgebracht, der uns auch hier Abhilfe verschaffen kann.

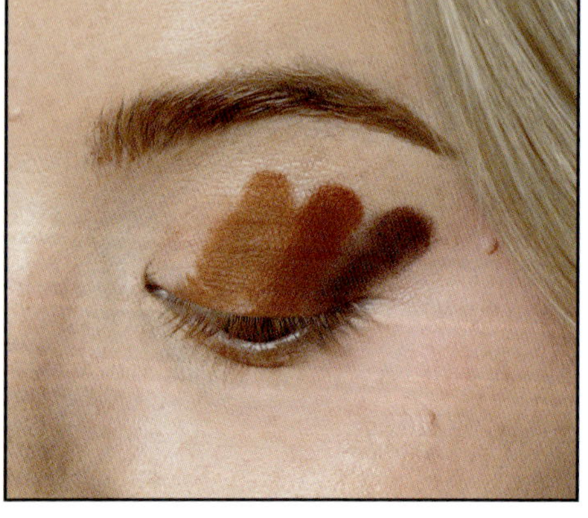

Ich nehme mir verschiedene Lidschattenfarben zur Hand und streife sie nebeneinander auf mein Lid. Ich beginne außen mit der dunkelsten Farbe und arbeite mich weiter nach innen, bis ich bei dem hellsten Ton, gerne einem Schimmer, angelangt bin.

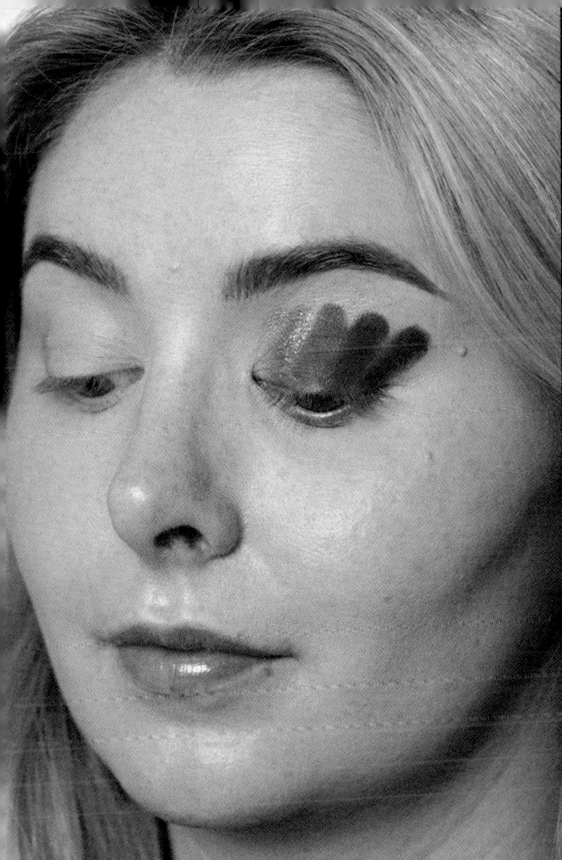

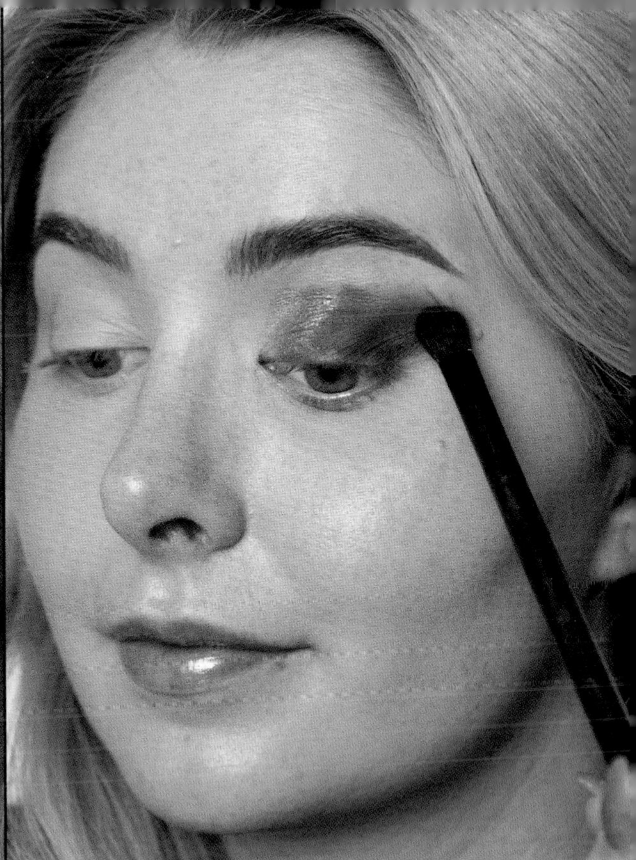

Anschließend verblende ich mit einem Lidschattenpinsel alle Farben, bis sie miteinander verschmelzen.

Fazit: Der Hack hat auf jeden Fall funktioniert. Gerade für Anfänger stelle ich ihn mir sehr praktisch vor.

WIMPERN

Ein dramatischer Wimpernschlag kann aus jedem Make-up einen Glam-Look machen. Fake Lashes stellen ein tolles Tool für besondere Anlässe dar. Ob für einen Ball, Halloween, einen Geburtstag oder eine Hochzeit, die Wimpern, die es mittlerweile nicht nur zum Aufkleben, sondern unter anderem auch mit Magneten gibt, schenken uns für eine Nacht die vollen und langen Lashes, von denen wir oft nur träumen können.

Leider ist die Applikation nicht immer ganz so einfach. Gerade bei deinem ersten Versuch mit Fake Lashes, solltest du dir Hilfe von einer anderen Person holen, um dich ja nicht zu verkleben. Die richtige und präzise Platzierung, sowie die Wahl der passenden Länge und Dichte sind hierbei essenziell.

TUTORIAL: FAKE LASHES

Bevor du mit dem Aufkleben der Lashes beginnst, kannst du einige Vorbereitungen treffen, um das Endergebnis so natürlich wie möglich wirken zu lassen. Du musst diese ersten Schritte, die ich tätige, nicht zwingend nachmachen, ich persönlich finde aber, sie tragen bei meinen Augen zu einem schönen Finish bei.

Bevor ich meine Fake Lashes aufklebe, ziehe ich mir gerne einen dünnen, kleinen Eyeliner, damit das Band der Fake Lashes in dem Lidstrich verschwindet. So ist es weniger offensichtlich, dass ich unechte Wimpern trage.

Außerdem trage ich mir im Vorfeld auch gerne eine dünne Schicht Mascara auf. Meine Natur-Wimpern sind sehr hell, würde ich die Wimpern ohne Mascara applizieren, würden die blonden Lashes durchblitzen. Der Schwung, der durch die Mascara entsteht, hilft ebenfalls dabei, eine natürliche Verbindung zwischen Eigen- und Fake-Wimpern herzustellen.

Im Anschluss halte ich meine Lashes erst einmal an mein Auge. Ich überprüfe, ob die Form auch zu meinem Auge passt. Oft passiert es, dass die Lashes etwas zu breit sind. Ich schneide am hinteren, längeren Ende der Wimpern ein Stück ab, so lange, bis sie perfekt auf mein Auge passen. Die Wimpern sollten weder am Augeninnen- noch am Augenaußenwinkel stören oder piksen.

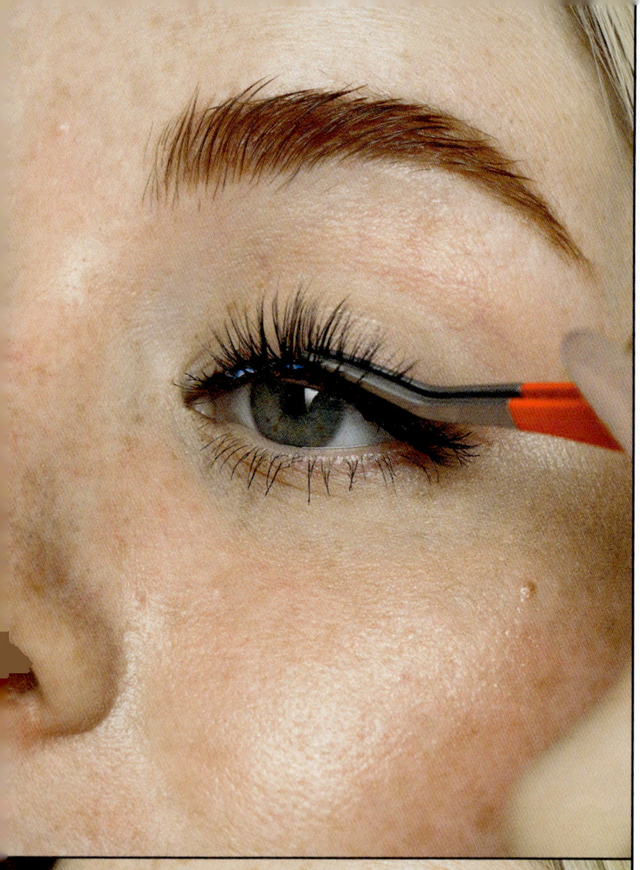

Ich nehme eine Pinzette zur Hand (mittlerweile gibt es sogar eigene Wimpern-Pinzetten) und spanne die Lashes gut ein. Dann verteile ich den Kleber auf dem dünnen Streifen. Hier kannst du je nach Bedarf schwarzen oder durchsichtigen Kleber verwenden. Lasse den Kleber dann so lange wie auf der Verpackung beschrieben einwirken, bis er leicht eingetrocknet ist. Ist der Kleber nämlich noch flüssig, hält er nicht.

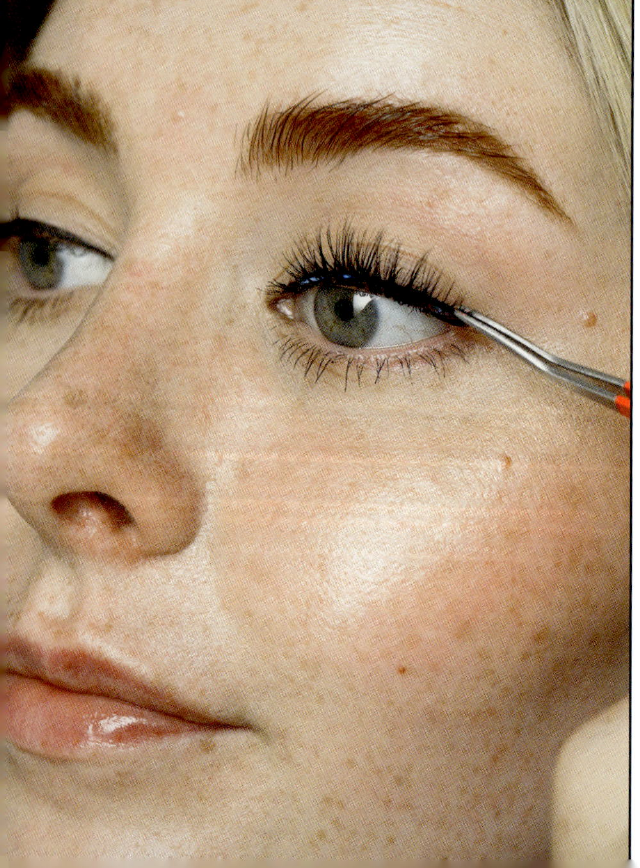

Betrachte dich genau im Spiegel und führe nun die Wimpern langsam zu deinem Auge. Klebe sie unbedingt zuerst in der Mitte deines Wimpernkranzes an.

Wenn die Mitte gut hält, kannst du mit der Pinzette nun deine Wimpern zuerst am äußeren und dann am inneren Ende festkleben. Sobald die Wimpern gut halten und der Kleber getrocknet ist, kannst du sie vorsichtig mittels Pinzette mit deinen echten Wimpern verbinden, indem du sie leicht aneinanderdrückst.

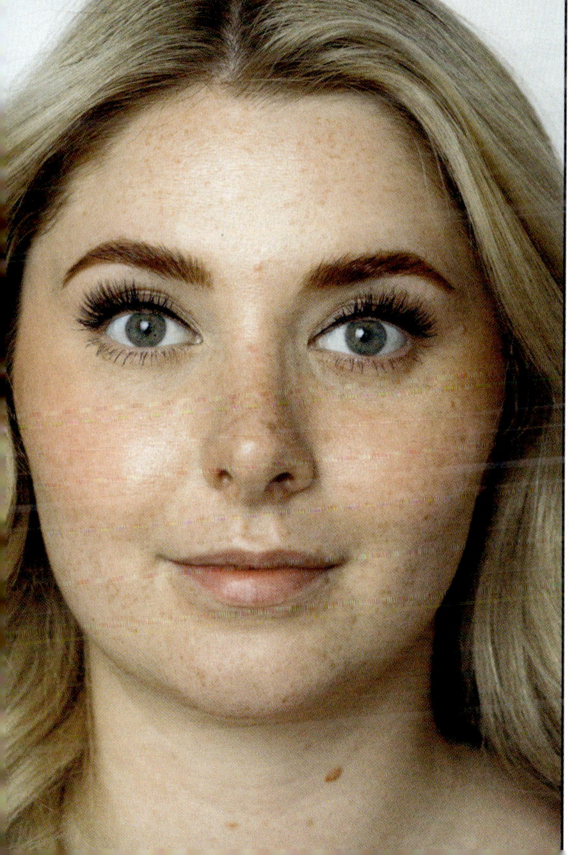

Fertig ist der Fake-Lashes-Look.

AUGENBRAUEN

Bei den Augenbrauen scheiden sich die Geister wie bei fast keinem anderen Feature im Gesicht. Die einen mögen sie dick und buschig, die anderen dünn und definiert. Neue Trends entwickeln sich ständig weiter und revolutionieren regelmäßig die Art und Weise, wie wir unsere Brauen schminken.

Jedes Gesicht, jede Augenform und jede Haarstruktur erfordern andere Maßnahmen. Auch der persönliche Geschmack ist individuell, wie du deine Brauen also am liebsten stylest, bleibt dir überlassen. Ich habe dir dennoch drei Looks mitgenommen, um dir zu zeigen, was alles möglich ist. Von bold bis hin zu fluffy.

TUTORIAL: STANDARD-AUGENBRAUEN

Unter Standardaugenbrauen verstehe ich ein simples Augenbrauen-Finish. Es ist ein Everyday-Look, der nicht viel an Form oder Gegebenheit der Braue ändert, aber dennoch etwas Definition verspricht.

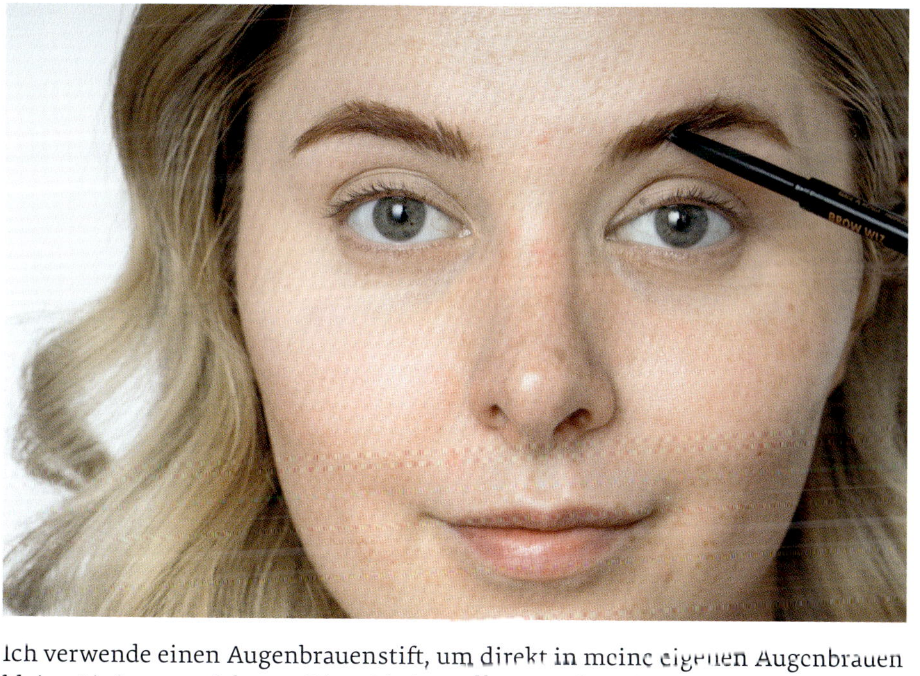

Ich verwende einen Augenbrauenstift, um direkt in meine eigenen Augenbrauen kleine Linien zu zeichnen. Diese Linien sollen Härchen darstellen.

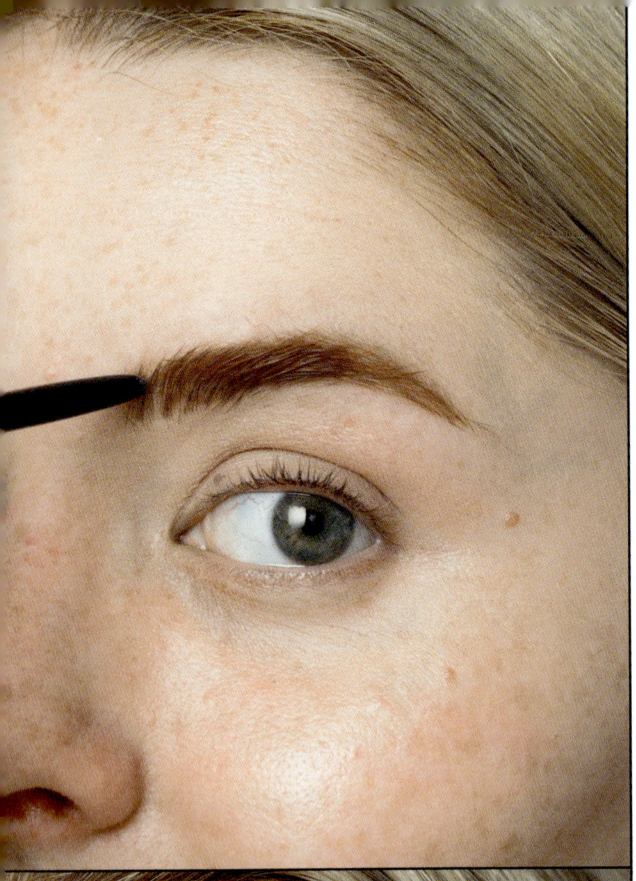

Durch die vielen kleinen Striche wirkt der Look gleich viel natürlicher und der Stift verschmilzt mit den Augenbrauen.

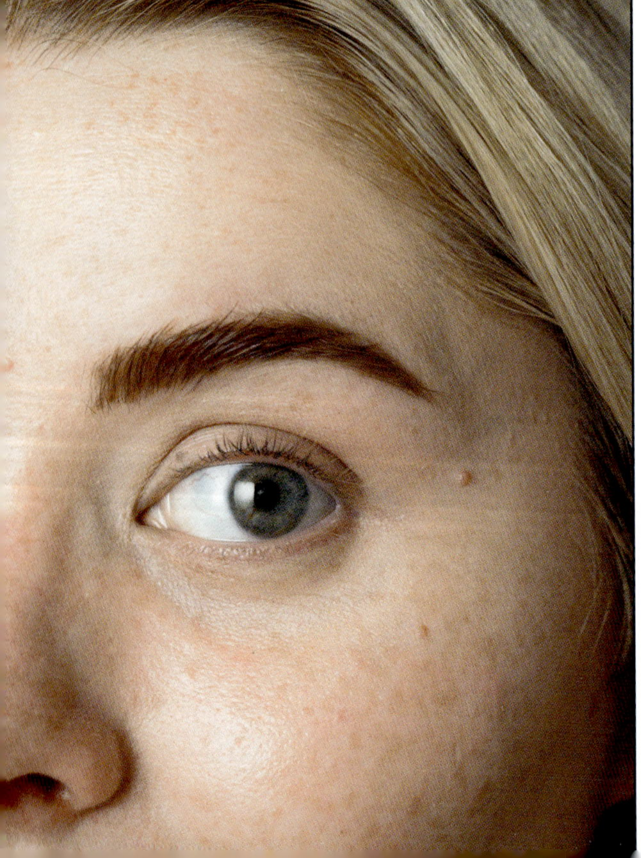

Ich fülle Lücken auf, an denen ich nicht so viele Haare habe und intensiviere die Farbe meiner Augenbrauen, um meinem Gesicht mehr Ausdruck zu verleihen. Optional kannst du das Ganze dann noch am Ende mit einem Augenbrauengel setten.

TUTORIAL: INSTAGRAM-AUGENBRAUEN

Der nächste Look, der vielen von euch vielleicht auch als Bold Brow bekannt ist, zeichnet sich durch einen intensivere, stärker betonte Augenbraue aus. Da dieser Trend vor allem über die sozialen Medien verbreitet wurde, nenne ich ihn die Instagram-Augenbraue.

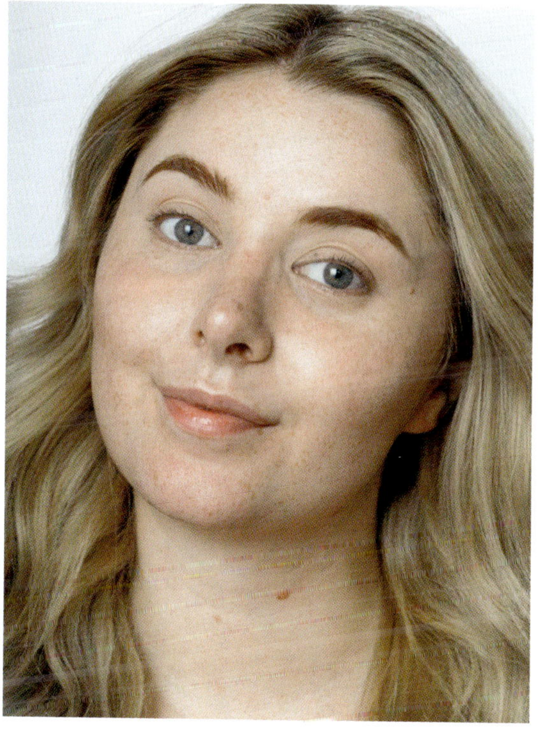

Um die Augenbrauen hervorzuheben, empfehle ich eine Pomade und einen Augenbrauenpinsel. Damit kannst du am besten gerade Linien ziehen.

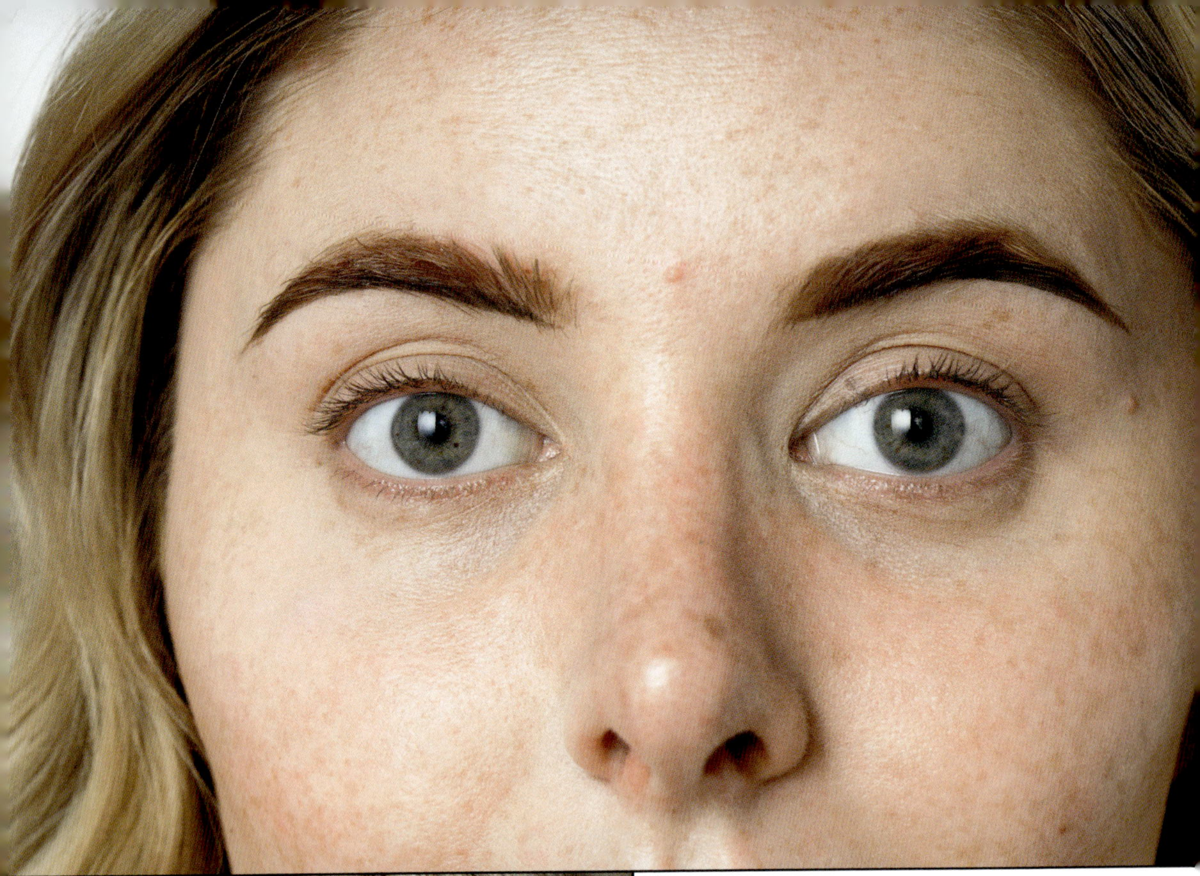

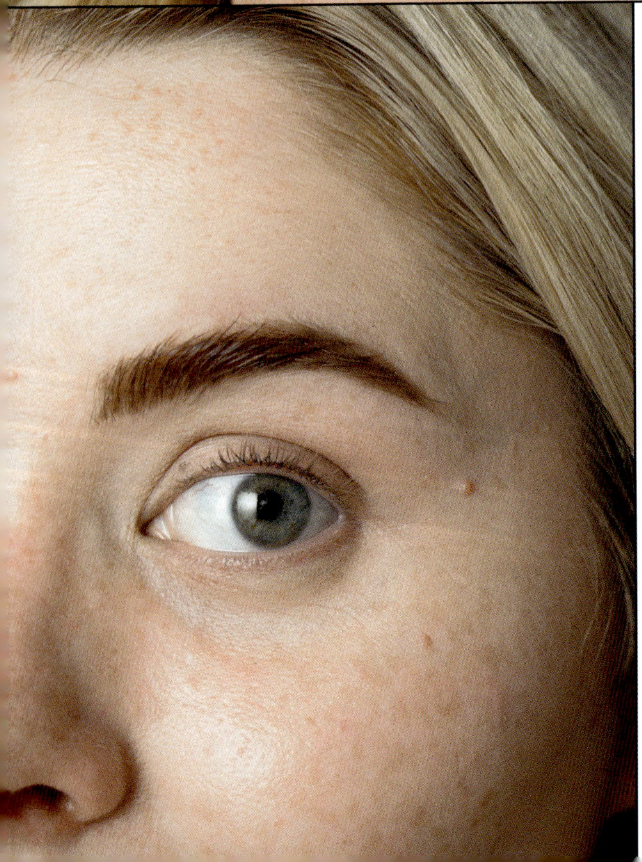

Beginne an der Unterseite deiner A
genbrauen und ziehe entlang der u
teren Kante eine gerade Linie. Bei d
Instagram-Augenbraue sind scha
Kanten und gerade Linien essenzie
Der Look soll clean und sharp, nic
natürlich und wuschelig wirken. B
sonders an der unteren Kante kann
du bei Bedarf mit Concealer eine no
schärfere Linie ziehe

Im Anschluss fülle ich zuerst die äußere Hälfte meiner Braue aus und arbeite mich dann nach vorne. An der inneren Augenbraue darf es gerne etwas natürlicher sein. Einzelne Haare können hier gerne noch zum Vorschein kommen.

TUTORIAL: SOAP BROW

Der Name Soap Brow, also Seifenbraue, leitet sich tatsächlich von der herkömmlichen Seife ab, die wir sonst auch zum Händewaschen benutzen. Soap Brows sind nach wie vor voll im Trend. Das fluffige, aber dennoch natürliche Finish entspricht dem heutigen Zeitgeist und kann zudem ideal in den Clean-Girl-Look integriert werden.

Für die Soap Brow benötigst du entweder ein Stück durchsichtiger Seife und etwas Wasser oder ein starkes Augenbrauengel. Mittlerweile gibt es sogar eigens kreierte Augenbrauenseifen. Außerdem brauchst du einen sogenannten Spoolie, eine Augenbrauenbürste. Verteile etwas der angemischten Seife oder etwas des Augenbrauengels auf deinem Spoolie und bürste nun deine Augenbrauen schräg nach oben, so lange, bis alle Härchen gut dort halten.

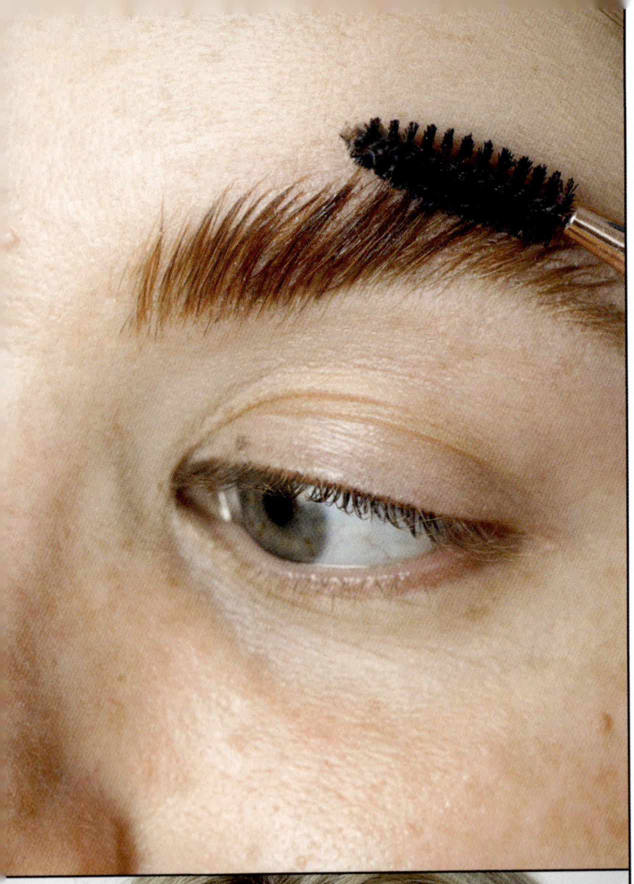

Die Augenbrauen sollten an der eigenen Haut haften, das kann einige Zeit dauern, sei also geduldig. Bei Bedarf kannst du mit einem Augenbrauenstift die Braue perfektionieren, Löcher ausfüllen und fehlende Härchen hinzufügen.

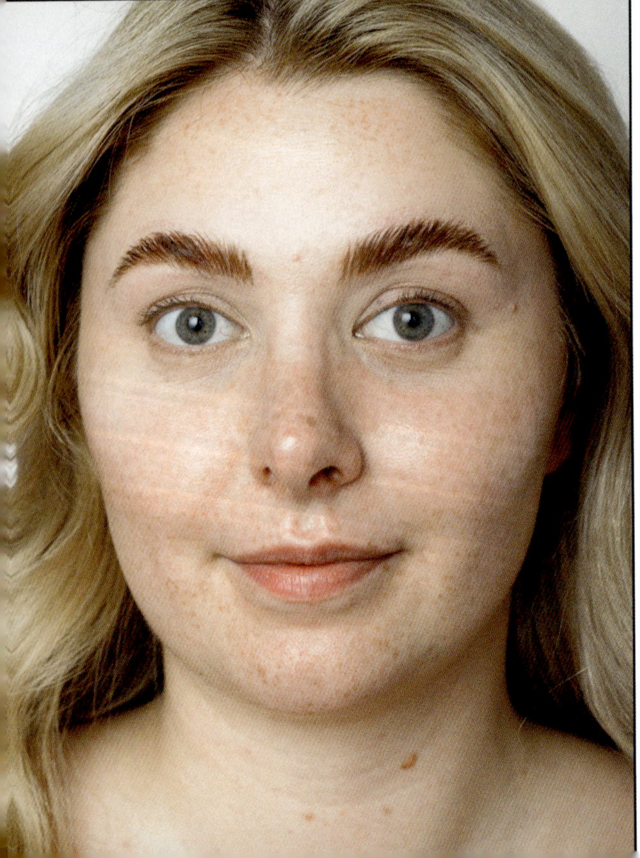

Wiederhole den Vorgang auf der anderen Seite, achte unbedingt darauf, dass deine Augenbrauen im gleichen Winkel aufgeflufft werden und schon ist deine Soap Brow fertig.

CONTOURING UND HIGHLIGHTING

Durch das Erzeugen von Schatten und Hervorhebungen können wir unsere Gesichtsform optimieren und verändern. Die richtige Technik muss aber erst gelernt sein.

Contouring ist herausfordernd. Die richtige Technik ist ausschlaggebend, aber auch bei der Wahl der passenden Produkte wird viel falsch gemacht. Das Wichtigste ist nämlich der perfekte Farbton. Er darf nicht zu dunkel und sollte auch nicht zu hell, aber auf alle Fälle kühl sein, denn mit dem Konturieren simulieren wir Schatten in unserem Gesicht. Benutze für das Konturieren keinesfalls einen Bronzer! Er setzt sich nämlich aus warmen Tönen zusammen, die wir beim Schattensetzen nicht gebrauchen können.

Ob du lieber zu Puder, Creme oder auch den praktischen Contour-Sticks greifst, bleibt dir überlassen.

Um die Kontur noch mehr zur Geltung zu bringen, kannst du zusätzlich highlighten. Dafür eignet sich ein Concealer, der ein bis zwei Töne heller ist als deine Haut. Dieser sollte an den Stellen des Gesichts aufgetragen werden, die mehr hervorgehoben werden sollen. Typische Stellen für das Highlighting sind beispielsweise die Zonen unter den Augen, zwischen den Augenbrauen, auf der Stirn, am Kinn und am Nasenrücken.

TUTORIAL: CONTOURING

Egal ob eine schmalere Nase, definiertere Wangenknochen oder geebnete Backen, mit Konturen und Highlights ist so einiges möglich. Je nach Gesichtsform und Bedürfnissen kann mit dieser Technik viel herumexperimentiert werden. Wichtig dabei ist gerade am Anfang der vorsichtige Einsatz von Farbe und genaues Verblenden. Vielleicht passt meine Art zu konturieren nicht unbedingt auf deine Gesichtsform, dennoch bietet dir meine Anleitung ein grobes Verständnis dafür, was du mit dieser Technik erreichen kannst.

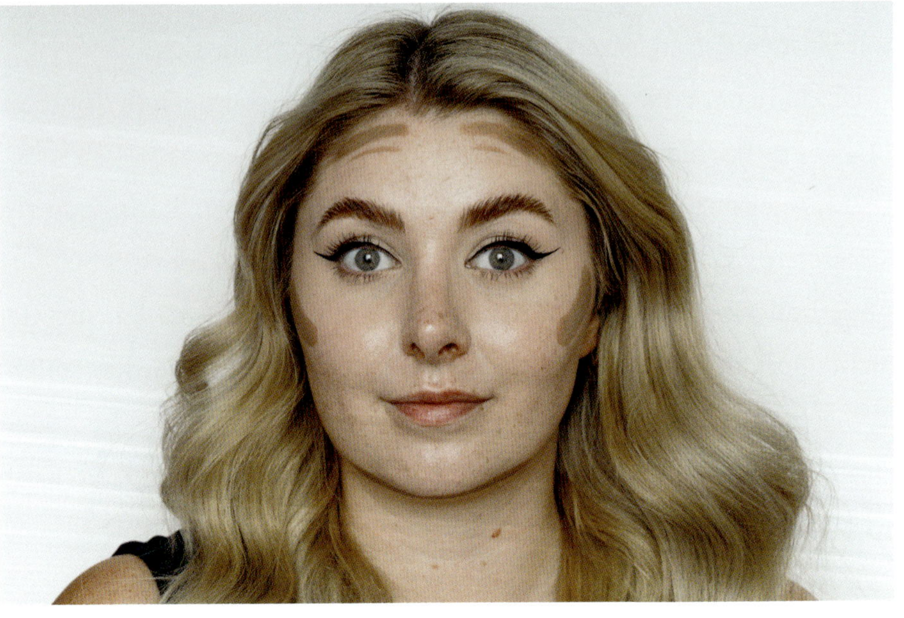

Ich setze zuallererst meine Konturen mit einer kühlen Farbe.

Das Wichtigste bei der Platzierung deiner Konturen ist, sie hoch genug zu setzen. Setzt du sie zu niedrig, kann dein Gesicht müde und eingefallen wirken, und nicht wie gewünscht definiert und gelifted. Wir können an den verschiedensten Stellen konturieren. Ich setze meine Linien auf meinen Wangenknochen, ein wenig auf meiner Stirn und meiner Jawline. Die Konturen auf der Wange betonen die Wangenknochen, jene auf der Stirn können dafür sorgen, dass die Stirn etwas verkleinert wird und die Konturen am Kiefer können beispielsweise ein Doppelkinn kaschieren. Auch die Nase wird durch Konturen verschmälert, ich persönlich verzichte aber darauf.

Im Anschluss wird verblendet. Entweder mit einem Pinsel oder einem Schwämmchen. Ich persönlich benutze gerne den Schwamm. Achte beim Verblenden darauf, eher nach oben zu arbeiten. Vor allem bei der Wange ist es der beste Trick, um das erwähnte Einfallen des Gesichts zu vermeiden.

Danach trage ich mit einem Pinsel meinen Blush etwas oberhalb der bereits verblendeten Konturlinien auf. Je nach Gesichtsform kann der Blush auf andere Stellen aufgetragen werden und erzeugt dementsprechend auch eine andere Wirkung. Deinem Unterton entsprechend kannst du dich für einen Rot-, Rosa- oder Peachton entscheiden. Den schimmernden Highlighter trage ich wiederum etwas oberhalb des Blushes, also auf den hohen Wangenkochen, auf, aber auch am Nasenrücken und an der Nasenspitze.

Beides wird wieder mit Schwamm oder Pinsel verblendet.

SOCIAL HACK: CONCEALER BLUSH

Als ich auf den Concealer-Blush-Hack stieß, musste ich ihn sofort ausprobieren. Der Hack soll Blush und Concealer direkt miteinander verbinden und verspricht in wenigen Schritten ein natürliches Finish.

Ich trage unter meinen Augen, dort wo ich auch meinen Concealer verwende, Kreise auf. Ich starte beim Augeninnenwinkel mit einem sehr hellen Concealer.

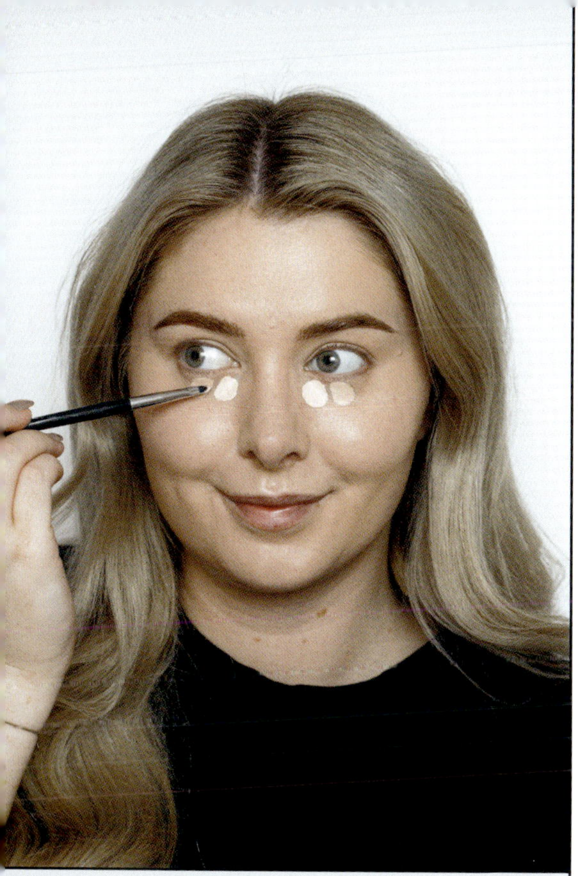

Als Nächstes trage ich meinen gewöhnlichen Concealer-Shade, ebenfalls wieder in Kreisform, auf.

Nun trage ich Blush in einem Peachton auf.

Im letzten Schritt trage ich einen Kreis mit einem knalligen, pinken Blush auf.

Sind alle Töne auf beiden Seiten aufgetragen, wird alles mit einem Schwämmchen miteinander verblendet.

Fertig ist der perfekte Übergang zwischen Concealer und Blush.

Fazit: Obwohl der Hack etwas aufwendig ist, finde ich das Ergebnis sehr hübsch und frisch!

SOMMERSPROSSEN

Ich konnte meine Sommersprossen früher nicht ausstehen und überschminkte sie. Heute habe ich mich mit ihnen angefreundet, bin sogar froh, sie zu haben. Mittlerweile sehnen sich selbst Menschen, die von Natur aus keine haben, nach ihnen. Dank Make-up und verschiedenster Techniken ist das problemlos möglich. Oft ist kaum zu unterscheiden, ob jemand echte oder geschminkte Sommersprossen besitzt.

Wichtig beim Auftragen von Sommersprossen ist erneut die Farbwahl. Sie müssen natürlich aussehen, dürfen nicht zu dunkel und auch nicht zu kühl wirken.

Die Punkte können mit einem Augenbrauenstift, einem Kajal oder auch einer Zahnbürste mit einer Art Air-Brush-Technik aufgetragen werden. Mittlerweile gibt es auch eigens kreierte Sommersprossen-Produkte.

TUTORIAL: SOMMERSPROSSEN

Ich verwende für meine Sommersprossen einen Creme-Bronzer. Dunkle Foundation, Augenbrauenfarbe oder andere Brauntöne eignen sich aber genauso gut. Ich empfehle eher wärmere Töne, weshalb ich mich auch für einen Bronzer entschieden habe.

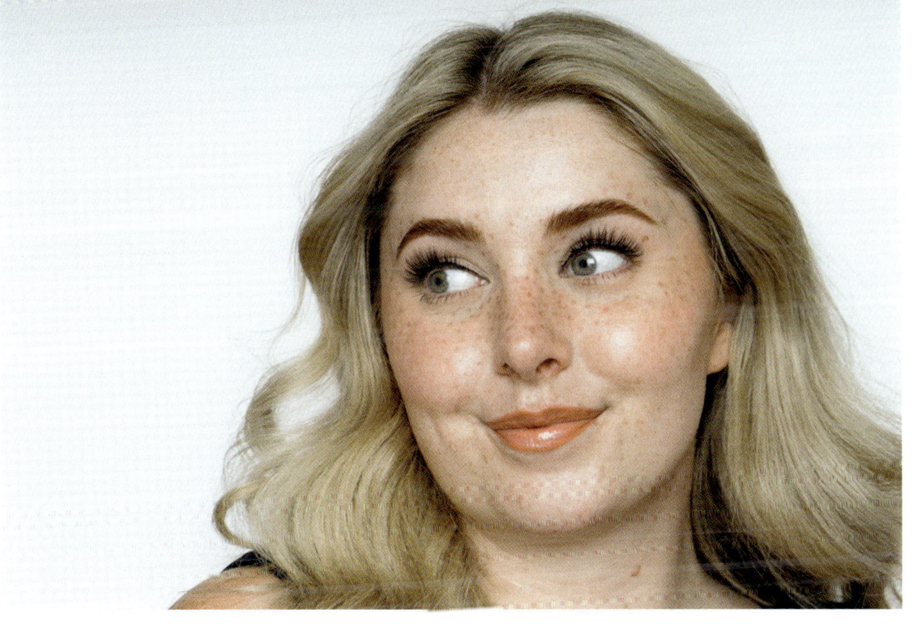

Mit einem sehr dünnen und präzisen Pinsel, zum Beispiel einem Eyeliner-Pinsel, tupfe ich mir kleine Pünktchen ins Gesicht. Die Platzierung der Sommersprossen kann variieren, ich versuche es immer so natürlich wie möglich aussehen zu lassen. Da ich von Natur aus bereits Sommersprossen habe, weiß ich, dass sie an den verschiedensten Stellen erscheinen können.

Beim Verteilen der Sommersprossen achte ich darauf, dass sie nicht symmetrisch angeordnet sind. Ich platziere sie auf der Nase, an den Wangen, am Kinn und auch leicht über den Augenbrauen. An der Nase male ich mir immer sehr viele auf, an den Wangen etwas weniger.

Damit das Ganze natürlicher aussieht, tupfe ich nun vorsichtig mit meinem Finger über die Punkte, um sie in meine Haut einzuarbeiten.

Bei Bedarf kannst du für besseren Halt noch etwas Puder auftragen und schon sind die süßen und natürlichen Sommersprossen für einen frischen Sommerlook fertig!

SOCIAL HACK: SOMMERSPROSSEN

Wie bereits erwähnt gibt es unzählige Wege, um Sommersprossen zu schminken. Die im Internet sehr oft geteilte Methode mit Zahnbürste scheint besonders beliebt zu sein.

h vermische etwas
ıder-Bronzer mit
etting-Spray und
ehme mir eine Zahn-
ürste zur Hand. Ver-
ende natürlich eine an-
ere als die, die du zum
ähneputzen benutzt.

ch tunke die Zahnbürste in
ie Farbe, bis sie ausreichend
ıit Pigmenten bedeckt ist.

Nun verteile ich die Farbe auf Nase und Wangen, indem ich vorsichtig über die Bürste streiche. Das wiederhole ich so oft, bis mein Gesicht nach meinem Ermessen ausreichend mit kleinen Pünktchen bedeckt ist.

Fazit: Dieser Hack geht schnell und ist unkompliziert. Die Freckles lassen sich gut verteilen, sind allerdings sehr klein, was unnatürlich wirken kann. Mit einem Pinsel kannst du größere Punkte ergänzen.

Du schaffst das!

Auch wenn manche der fortgeschrittenen Looks etwas kompliziert erscheinen oder sie nach dem Nachmachen nicht sofort wie bei mir aussehen, darfst du dich nicht unterkriegen lassen. Gerade das Verblenden von Lidschatten sowie das Konturieren erfordern Übung und mehrere Versuche. Sobald du dein Gesicht, deine Lieblingsprodukte und deinen Stil kennengelernt und dir gewisse Skills angeeignet hast, steht dem professionellen Look auch schon ganz bald nichts mehr im Weg.

Das Wichtigste ist noch immer der Spaß an der Sache. Solange du Freude am Make-up hast und in dich selbst vertraust, kann eigentlich gar nichts schiefgehen. Ich bin mir sicher, du schaffst das!

AUSGEFALLENES

LOOKS FÜR HALLOWEEN, FASCHING UND ANDERE ANLÄSSE

Meine Liebe für das Verrückte, das Ausgefallene, das Gruselige und das Bunte entwickelte sich aus meiner ursprünglichen Begeisterung für Make-up heraus. Nachdem ich bereits viele klassische Looks schminkte und perfektionierte, hatte ich Lust auf etwas Neues.

Mit den schrägen Looks konnte ich endlich so richtig kreativ sein. Ich konnte mich ausleben und mich künstlerisch neu erfinden. Plötzlich wurde mein Gesicht zur Leinwand.

Make-up, häufiges und intensives Schminken gehen oft mit dem Vorurteil einher, sich lediglich verschönern zu wollen. Für mich ist das aber nicht so. Ich sah Make-up schon immer als etwas Künstlerisches an, lebte damit meine Kreativität aus, so wie es andere durch Zeichnen oder das Spielen eines Instruments machen. Durch das Ausprobieren neuer und unkonventioneller Looks konnte ich das viel besser ausdrücken, was mich auch selbstbewusster machte. Denn es kann mir niemand unterstellen, dass ich mit meinem Peppa-Pig- oder Grinch-Look attraktiver aussehe als ungeschminkt.

Keine Grenzen

Das Schöne am Effekt-Make-up und an den Charakter-Looks ist, dass es keine Grenzen gibt. Ich kann mit Latex, Prothesen, Kleber, Farben und anderen Materialien arbeiten. Ich lerne ständig neue Techniken kennen und mir sind auch in der Auswahl meiner Looks keine Grenzen gesetzt. Ich liebe Disney und kann diese Leidenschaft in meinen

Looks widerspiegeln. Weihnachten und Halloween gehören zu meinen zwei liebsten Tagen im Jahr, auch diese Passion von mir fließt in meine verrückten Looks mit ein.

Ich wollte beispielsweise schon immer einen Minion schminken. Ich liebe die Filme, finde die gelben Geschöpfe witzig, aber fand kein Tutorial, keine Anleitung und keinen Look, der mir gefiel und meinen Vorstellungen entsprach. Also probierte ich es einfach aus. Das Endergebnis war so toll, dass es zu einem meiner eigenen Lieblingslooks wurde. Außerdem war ich stolz darauf, diesen Look aus eigenem Können und eigener Kreativität heraus geschaffen zu haben.

Meine ausgefallenen Looks lassen mich in völlig neue Welten eintauchen. Einmal bin ich eine Meerjungfrau, dann ein gruseliges Skelett oder ein Leopard. Ob Halloween, Fasching, Festivals oder Motto-Partys, je bunter und ausgefallener, desto besser. Der Kreativität sind hier keine Grenzen gesetzt. Sei das, wonach du dich fühlst!

VERRÜCKTE LOOKS

Unter verrückten Looks verstehe ich all jene Looks, die vielleicht nicht unbedingt für den Alltag geeignet sind, dich aber in eine andere Welt versetzen und verzaubern. Mit folgenden Tutorials bist du bestens für Fasching oder Motto-Partys vorbereitet und kannst deine Freunde und Familie damit begeistern.

TUTORIAL: MEERJUNGFRAU

Arielle, die kleine Meerjungfrau ist einer meiner Lieblingsfilme. Die kürzlich erschienene Neuverfilmung konnte ich mir nicht entgehen lassen und so habe ich in vollem Arielle-Aufzug das Kino besucht. Der Film und der Look waren ein absoluter Erfolg.

Meerjungfrauen haben generell etwas Magisches an sich. Sie sind wunderschöne Fabelwesen, die frei in den Meeren leben. Aus diesem Grund habe ich neben meinem klassischen Arielle-Look auch eine Neuinterpretation eines Meerjungfrau-Looks kreiert.

Ich stülpe mir eine Netzstrumpfhose über den Kopf, sodass sie gut sitzt und nicht verrutscht. Mit einem Schwamm tupfe ich vorsichtig Lidschatten-Primer auf, damit die Farbe im Anschluss besser hält.

Mit einem Lidschattenpinsel trage ich grünen und blauen Lidschatten auf und verblende sie auf meinen Wangenknochen. Schimmer-Töne sind besonders schön. Anschließend trage ich noch etwas Glitzer auf.

Ich ziehe nun die Strumpfhose vorsichtig von meinem Kopf. Sofort ist die schuppige Optik erkennbar, die durch das Netz entstanden ist. Anschließend schminke ich einen Lidschatten-Look im gleichen Farbschema.

Ich klebe falsche Wimpern auf und vollende den Look mit rotem Lippenstift.

h füge abschließend ein
aar Accessoires wie Mu-
heln oder Scesterne und
erlen hinzu, um
em Meerjungfrau-
ook den letzten
einschliff zu
erpassen.

TUTORIAL: LEOPARD

Der Leopard eignet sich besonders gut für Fasching oder Karneval. Kombinierst du den auffallenden Make-up-Look mit einem Leo-Print- oder einem ganz normalen braunen Shirt und einer schwarzen Hose, bist du bereits bestens verkleidet, ohne Geld für ein neues Kostüm ausgeben zu müssen.

Ich schminke mir wie gewohnt meine Base und einen braunen Lidschatten. Dann ziehe ich mir mit einem flüssigen Eyeliner ein Cat Eye bis über den Innenwinkel meines Auges.

nschließend
erblende ich einen
varmen braunen
idschatten oder
Bronzer auf meiner
tirn, meinen Wan-
en, meiner Nase und
uf der Oberlippe.

Mit einem schwarzen Kajal male ich mir eine Leoparden-Nase auf.

Die Nase verbinde ich über einen dünnen schwarzen Strich mit meinen Lippen, die ich ebenfalls schwarz ausmale.

Mit einem präzisen schwarzen Eyeliner male ich mir einige Bartstoppel auf.

Dann beginne ich mit den Outlines der typischen Leoparden-Flecken. Ich zeichne verschieden große Flecken in unterschiedlichen Formen auf mein Gesicht.

Ich male die Flecken aus und perfektioniere sie. Mit weißem und gelbem Lidschatten setze ich Schattierungen.

Zum Schluss zeichne ich mir mit einem weißen Eyeliner noch Schnurrhaare auf und fertig ist der tierische Look.

SPOOKY LOOKS

Sobald sich der Sommer dem Ende zuneigt, bin ich im Halloween-Fieber. Meine Wohnung wird mit Spinnweben und Kürbissen dekoriert und ich teile fleißig gruselige Halloween-Looks auf den sozialen Medien. Ich liebe den Halloween-Spirit und will deswegen auch hier zwei einfache, aber effektive Looks zum Nachschminken mit euch teilen.

TUTORIAL: SPINNE

Der Spinnen-Look eignet sich ausgezeichnet für eine Halloween-Party oder eine Spooky-Club-Nacht. Du musst dafür nicht dein ganzes Gesicht bunt anmalen, der Look ist tragbar und nicht ganz so aufwendig. Aufgrund des Effekts, den dieser Look mit sich bringt, ist er dennoch sehr eindrucksvoll. Auch hier reicht in Kombination lediglich ein schwarzes Outfit, schon ist der Look perfekt.

Ich schminke meine Base und dunkle Smokey Eyes.

Mit einem schwarzen, präzisen Eyeliner male ich mir acht Spinnenbeine um mein Auge herum auf.

Mit demselben Eyeliner schaffe ich Details, indem ich die Linien der Beine an gewissen Stellen verdicke, um eine Illusion von abgewinkelten, beweglichen Beinen herzustellen.

Damit die Spinne so echt wie möglich aussieht, füge ich mit einem dünnen Pinsel und grauem Lidschatten Schatten hinzu. Der Schatten sollte an der Spitze der Beine beginnen und bei meinem Auge, dem Körper der Spinne, enden.

Mit einem weißen Eyeliner setze ich Highlights an den Stellen, wo das Licht reflektiert. So schaffe ich Dimension und Tiefe.

Um einen besonders gruseligen Effekt zu schaffen, habe ich mein Spinnenauge noch mit einer schwarzen Kontaktlinse versehen. Mit diesem Look bist du bei jeder Halloween-Party der Hingucker!

TUTORIAL: RAINBOW-TOTENKOPF

Der Regenbogen-Totenkopf verbindet zwei meiner liebsten Leidenschaften. Farbe und Halloween. Normalerweise sind Halloween-Looks dunkel und schwarz gehalten, mit folgendem Look möchte ich dir zeigen, dass es auch anders geht.

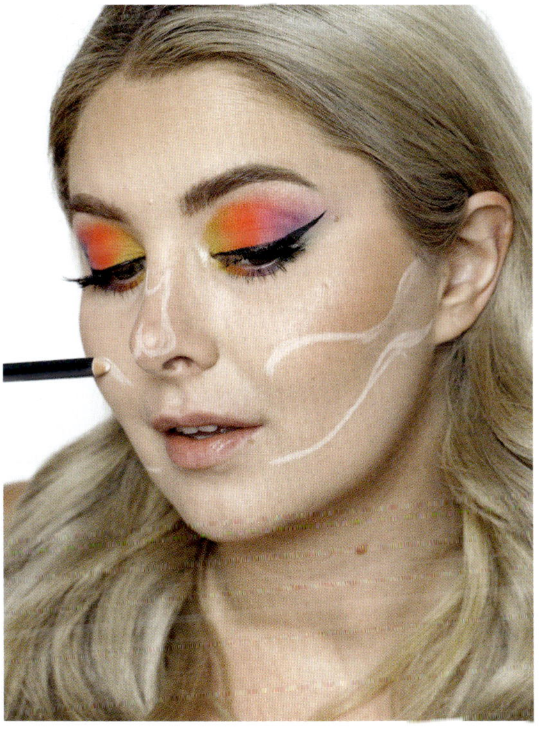

Ich starte mit meinem Regenbogen-Lidschatten-Look und zeichne mir mit weißem Kajal die Totenkopf-Outlines vor.

Dann nehme ich mir einen Lidschatten-pinsel zur Hand und verblende in den Toten-kopflinien die Farben Lila, Pink, Orange und Gelb.

Die Dunkelst
außen, di
Hellste innen

Anschließend verblende ich
die Farben Grün, Blau und
Gelb an den äußersten Stellen.

Auch meine Lippen bemale ich
in Grün- und Gelbtönen.

Mit weißer
Body-Pai
oder m
weißem Ey
liner verstärk
ich die u
sprüngliche
weiße
Outline

Um den Look zu verfeinern, male ich mir noch mit weißem Eyeliner Skelett-Zähne auf. Der bunte, aber dennoch gruselige Look ist somit fertig.

WEIHNACHTEN

Neben Halloween hat auch die Weihnachtszeit einen ganz besonderen Platz in meinem Herzen. Von Keksen über kitschige Weihnachtslieder bis hin zum Dekorieren des Baums, ich lebe den Christmas-Spirit. Natürlich widerspiegelt sich meine Begeisterung vor allem im Dezember auch in meinen Looks und auf meinen Social-Media-Accounts. Von festlichem Make-up hin zu gesamten Effekt-Looks sind dem Schminken auch in der besinnlichsten Zeit des Jahres keine Grenzen gesetzt. Um dir etwas Inspiration für die kommenden Festtage mit auf den Weg zu geben, habe ich auch einen etwas anderen Weihnachtslook vorbereitet.

TUTORIAL: DER GRINCH

Den Grinch kennen wir wohl alle. Er ist das Symbol für Weihnachten und begleitet uns seit klein auf durch die Feiertage. Da ich nicht nur Fan des Film-Klassikers, sondern auch seines unvergleichlich grünen Looks bin, komme ich nicht daran vorbei, diesen Look in der festlichen Saison zu schminken und meine Familie, meine Freunde und euch damit zu amüsieren.

Zuerst schminke ich meine Base. Dabei konzentriere ich mich auf die obere Hälfte meines Gesichts.

Ich fülle meine Augenbrauen mit grünem Eyeliner aus. Dann ziehe ich eine geschwungene Linie über mein Gesicht.

:h male mein
esicht und mei-
en Hals unter der
inie mit einem
rinch-Grün aus.

ie Linie schattiere
:h mit einem
unkelgrünen
idschatten.

Ich zeichne mir die Falten des Grinchs an den Wangen auf und schattiere ebenfalls mit dunkelgrünem Lidschatten nach unten.

Meine Nase male ich mit schwarzem Concealer aus und ziehe eine Linie nach unten bis über meine Oberlippe. Schwarze Pünktchen stellen Bartstoppel dar.

Ich schminke mir einen grünen Lidschatten-Look.

Um die Augen hervorzuheben, verwende ich Fake-Lashes.

Mit Nude-Lippenstift auf der Unterlippe und Accessoires wie einer Perücke, einer Weihnachtsmann-Mütze oder einem Kostüm vervollständige ich den Look.

FESTIVAL-SEASON

Frühjahr und Sommer sind Festival-Season. Ob Coachella, Electric Love oder Tomorrowland, das Angebot wird immer größer, die Looks der Besucher immer aufwendiger. Auch das Make-up kann für den Festival-Look gerne etwas ausgefallener sein, vor allem an Glitzer darf nicht gespart werden.

TUTORIAL: FESTIVAL-LOOK

Mein Festival-Look verbindet dezente und verspielte Pastellfarben mit typischen Glitzer-Elementen. Er kann zu verschiedensten Veranstaltungen und Musikrichtungen getragen werden und je nach Lust, Laune und Motto, farblich abgestimmt und überarbeitet werden.

Für meinen Festival-Look starte ich mit meiner klassischen Basis, also Base-Make-up und Eyeliner. Dann nehme ich einen bunten Eyeliner zur Hand und zeichne mir damit einen sogenannten »Graphic Liner«. Danach habe ich in einer anderen Farbe eine kleinere Linie gezeichnet. Bei den Farben kannst du dich austoben. Nimm gerne die Töne zur Hand, die du bereits zu Hause hast, oder orientiere dich bei der Farbwahl an deinem Outfit.

Im Anschluss nehme ich einen Wimpernkleber, einen Wachsstift und Glitzersteine zur Hand. Ich trage den Kleber an jenen Stellen auf, an denen ich die Steine verteilen möchte und platziere sie mithilfe des Wachsstifts direkt an die beklebten Stellen meines Gesichts. Mit dem Wimpernkleber halten die Steine einwandfrei über mehrere Stunden und viele ausgiebige Tanzeinheiten hinweg auf der Haut.

Um den Look zu vervollständigen, trage ich Glitzer auf. Ich benutze hier selbstklebenden Glitzer, du kannst aber auch gerne klassischen Glitzer verwenden und ihn mithilfe eines Glitzerklebers auftragen. Ich platziere den Glitzer mit meinen Fingern auf meinen Wangenknochen, dort wo ich normalerweise den Highlighter auftrage. Zum Schluss trage ich etwas Lippenstift und Gloss auf. Dann fehlen nur noch ein cooles Festival-Outfit und Haarschmuck, und schon ist der Look fertig.

EXTRA-TIPPS

PAULAS DOS AND DON'TS

Wenn es mal schnell gehen muss, können wir nicht immer an alles denken. Gerade im Bereich Make-up gibt es Tausende Empfehlungen, Produkte und Techniken, an deren Quantität wir oft verzweifeln.

Um dir einen Überblick über meine wichtigsten Tipps zu geben, habe ich nun noch einmal die wichtigsten Dos and Don'ts aufgelistet. Außerdem möchte ich dir im Anschluss noch einen SOS-Notfall-Look mit nur drei Produkten vorstellen, der dich im Handumdrehen strahlen lässt.

DO: **Habe immer deine Notfallprodukte dabei**. In meiner Handtasche ist immer Lipgloss, Puder und Concealer mit dabei. Vor allem wenn ich länger unterwegs bin, wenn es schwitzig werden kann oder wenn ich mich auf eine lange Nacht vorbereite, müssen die Essentials einfach mit. Wenn ich Fake-Lashes trage, muss zum Beispiel auch immer der Kleber mit, falls eine Ecke abgeht.

DON'T: **Nicht genug verblenden.** Verblendest du deine Foundation nicht ausreichend, hast du oft einen unschönen Rand zwischen Gesicht und Hals. Auch beim Konturieren kann es fatal sein, nicht ausreichend zu verblenden. So sieht es nämlich schnell unnatürlich aus.

DO: **Wasserfest im Urlaub**. Auch wenn wasserfestes Make-up schwer zu entfernen ist, kann ich es für den Urlaub, fürs Schwimmbad oder für den Tag am See empfehlen. Wenn ich in den Urlaub fahre, packe ich alles in wasserfest mit ein. Ob Foundation, Puder oder Wimperntusche, mittlerweile gibt es jedes Produkt auch als wasserfeste Alternative. Wenn du auch am Strand nicht auf dein Make-up verzichten möchtest, vergiss nicht, die passenden Produkte dafür einzupacken. Nicht nur während des Schwimmens, sondern auch an heißen Tagen können die Produkte vor Panda-Augen schützen.

DON'T: **Folge nicht blind jedem Tutorial.** Ich glaube es stellt ein großes Problem dar, wenn wir Make-up-Tutorials völlig blind folgen und uns die gleichen Ergebnisse erhoffen. Jeder von uns hat zum Beispiel eine andere Augenbrauenform. Folgst du einem Augenbrauen-Tutorial, welches weder auf deine Augenbrauen- noch deine Gesichtsform abgestimmt ist, kann das Ergebnis enttäuschen oder verwundern. Achte daher immer auf deine individuellen Features, auch wenn du meine Tutorials nachschminkst!

DO: **Pflege dein Gesicht vor deiner Routine.** Ich habe es zwar bereits erwähnt, aber bereite dein Gesicht unbedingt angemessen auf das Auftragen von Make-up vor. Je nach Hauttyp natürlich. Machst du das nicht, kann deine Foundation oder das Puder körnig oder bröselig aussehen.

DON'T: **Vermeide exzessives Zupfen.** Bei den Augenbrauen können wir viel falsch machen. Auch ich habe mich in der Vergangenheit ein paarmal verzupft. Es ging sogar so weit, dass ich mir aus Frustration ganze Teile meiner Augenbrauen abrasierte. Bei mir sind sie gut nachgewachsen, andere hatten nicht so viel Glück. Wenn du dir unsicher bist, scheu dich nicht davor, professionelle Hilfe in Anspruch zu nehmen.

DO: **Vertraue auf Experten.** Willst du größere Veränderungen vornehmen, dann empfehle ich dir, einen Experten aufzusuchen. Egal ob es um deine Haut geht oder du an Wimpern-Extensions oder gefärbten Augenbrauen interessiert bist, in diesen Angelegenheiten kann dir Fachpersonal Probleme und Frustration ersparen. Gerade bei Chemikalien wie Färbemitteln, die noch dazu sehr nahe an den Augen aufgetragen werden, bitte ich um Vorsicht und Vernunft!

TUTORIAL: PAULAS NOTFALL-LOOK

Manchmal befinden wir uns in Situationen, in denen wir nur wenige Produkte griffbereit haben. In anderen Situationen fehlt es uns auch schlichtweg an Zeit. Aus diesen Gründen brauchen wir einen Notfall-Look, der schnell fertig ist und für den nur drei Produkte notwendig sind.

Für diesen Look benötige ich nur drei Produkte: Lippenstift, braune Mascara und Concealer.

Meinen Concealer trage ich auf alle Stellen auf, die ich etwas highlighten möchte.

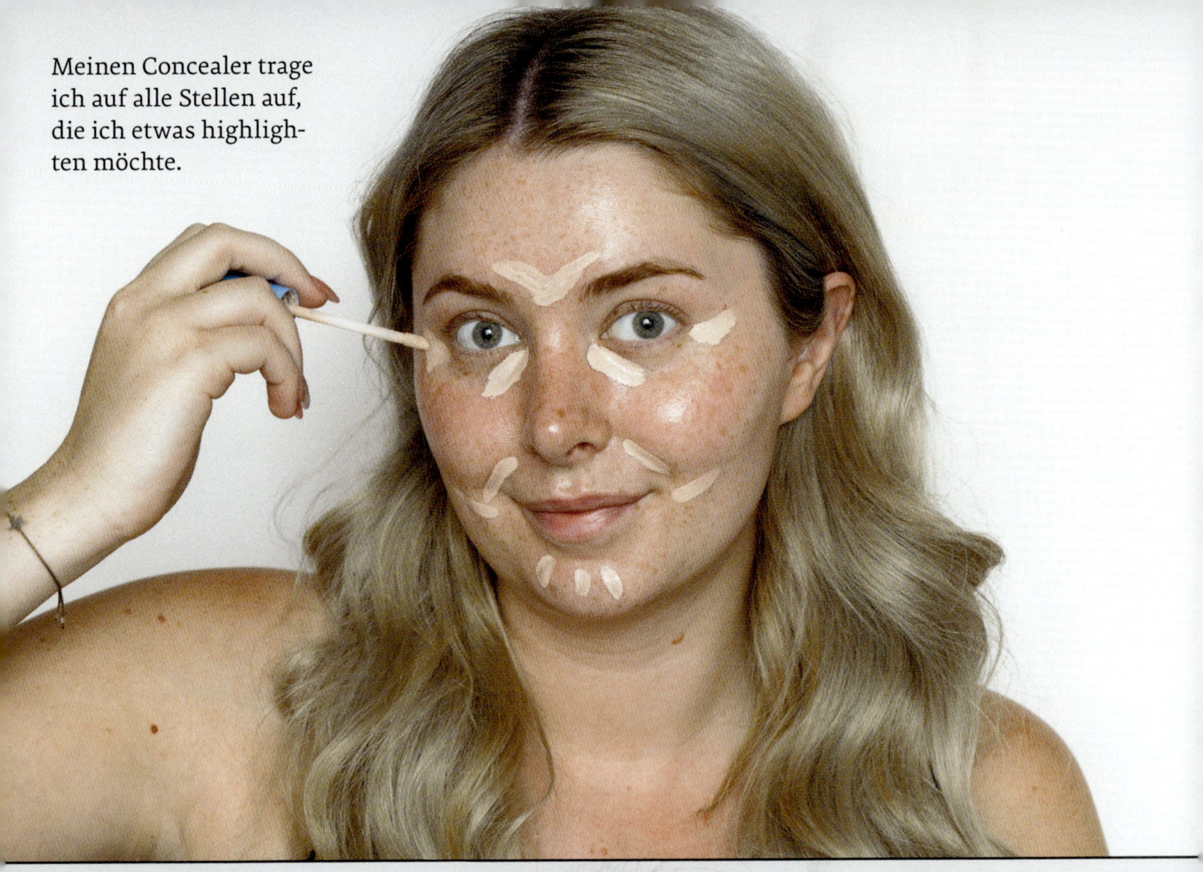

Anschließend verblende ich alles mit einem Schwamm. Hast du keinen zur Hand, kannst du den Concealer auch vorsichtig mit deinen Fingern einarbeiten.

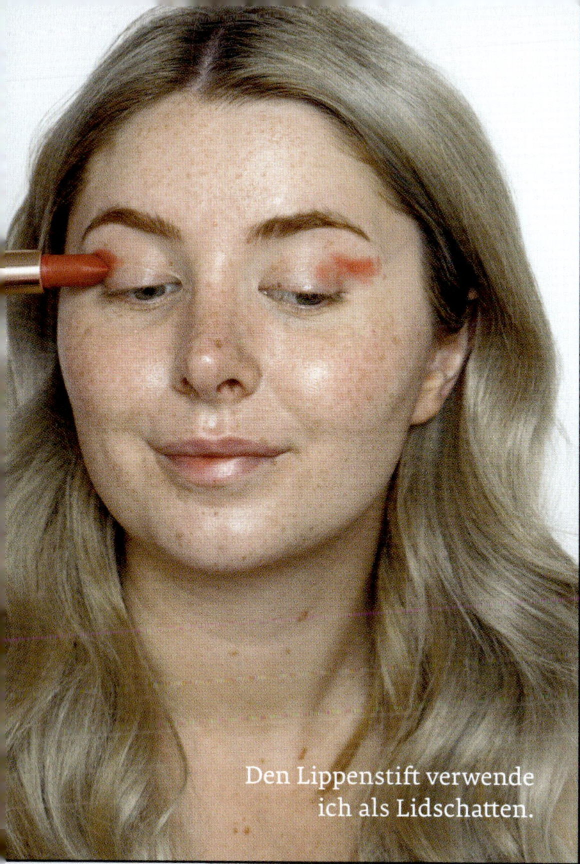
Den Lippenstift verwende ich als Lidschatten.

Ich trage ihn an den Außenseiten meiner Lider auf und verblende ihn mit meinem Finger.

Der Lippenstift kommt wieder zum Einsatz. Diesmal als Blush. Ich trage ihn auf meinen Wangenknochen auf, dort wo ich sonst meinen Blush platzieren würde.

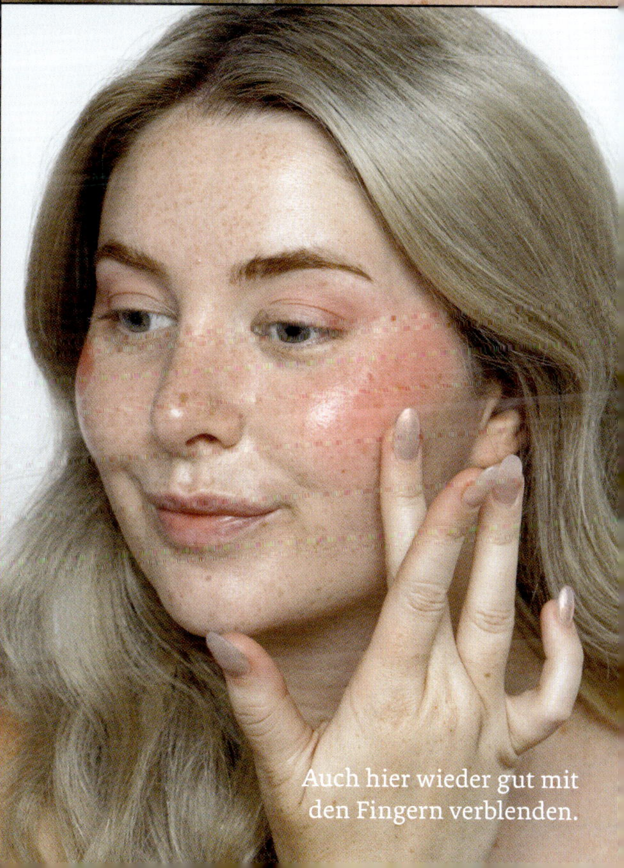
Auch hier wieder gut mit den Fingern verblenden.

Ich trage den Lippenstift dann auch auf den Lippen auf und bürste mir mit der braunen Mascara leicht durch die Augenbrauen.

Im Anschluss trage ich die Mascara auf den Wimpern auf.

DAS ENDE DER MASTERCLASS

WAHRE SCHÖNHEIT KOMMT VON INNEN

Wir sind nun bereits am Ende meiner Masterclass angelangt. Ich hoffe, du kannst einige Tipps und Tricks, Inspiration und Mut zu Neuem daraus mitnehmen.

Wenn du wollen würdest, könntest du mit Make-up jeden Tag anders aussehen. Diesen Aspekt finde ich an der Kunst des Schminkens besonders interessant. Ähnlich wie Kleidung, kann uns Make-up dabei helfen, uns auszudrücken. Mein eigener Stil hat sich über die letzten Jahre hinweg stetig verändert und weiterentwickelt. Nicht nur, weil sich meine Schmink-Skills verbessert haben, sondern weil ich älter geworden bin, anders denke und meinen Stil gefestigt habe. Dennoch möchte ich daran erinnern, dass wahre Schönheit von innen kommt.

Mit Make-up können wir unser Wesen unterstreichen. Wir können uns Selbstbewusstsein erschminken oder gar unsere Unsicherheiten abdecken. Allerdings darf das Schminken nicht zum reinen Schutzmechanismus werden. In erster Linie musst du nämlich deine innere Schönheit erkennen. Du musst lernen, dich selbst zu lieben, mit allen Ecken und Kanten, und solltest dich nicht hinter einer dicken Schicht Foundation verstecken.

Mit Confidence rockst du jeden Look!

Ich war früher oft schüchtern und unsicher. Das bin ich auch heute noch in gewissen Situationen. Einen ausgefallenen Look oder ein verrücktes Outfit in der Öffentlichkeit zu tragen, erfordert Mut, das habe auch ich erst lernen müssen. Allerdings sind es genau diese Looks und Fits, die uns ausmachen, die Spaß machen und die unsere Seele widerspiegeln. Blicke und Kommentare von fremden Menschen können schnell verunsichern. Ich bitte dich aber darum, diesen Menschen keine Aufmerksamkeit zu schenken und ihren Worten kein Gewicht zu geben. Glaube mir, ich habe auf den sozialen Medien oft mit Hass, Anfeindungen und Kritik zu tun. Auch wenn Worte manchmal wehtun, so kann ich das mittlerweile gut wegstecken, denn ich weiß, was ich an mir liebe und das Hass meist auf Unsicherheit des Verfassers oder Verbreiters beruht.

Mit der richtigen Portion Selbstbewusstsein kannst du jeden Look tragen. Fühlst du dich gut, merkt das auch dein Umfeld. Egal ob du in eine andere Rolle schlüpfst, deinen Stil veränderst oder dich für eine Motto-Party schminkst und damit dein bekanntes Terrain verlässt, mit der richtigen Einstellung kannst du künftig jede Unsicherheit in Luft auflösen.

Schwing den Pinsel

Je öfter du dich schminkst, je öfter du dich an neue Looks und Skills wagst, desto schneller wirst du Fortschritte verzeichnen. Im Leben ist alles Übungssache. Willst du dich in einem Hobby verbessern, musst du Arbeit, Zeit und Willen hineinstecken. So ist das auch beim Perfektionieren komplizierter Make-up-Skills.

Wenn du dich auf Alltagslooks und einfache Styles konzentrieren möchtest, kannst du dir mit gewissen Hacks und der Wahl der richtigen Produkte das Leben um einiges einfacher machen. Das Wichtigste ist wie gesagt, der Spaß an der Sache!

Deine Paula

Paulas Make-up Steckbrief

F: Wie lange brauchst du morgens für dein Make-up?

A: Für mein Alltags-Make-up fünf bis zehn Minuten.

F: Wenn du in deinem Leben nur noch ein Produkt verwenden könntest, welches wäre das?

A: Eindeutig Mascara!

F: Welchen Gesichtsbereich schminkst du am liebsten?

A: Augen – da kann ich am kreativsten sein.

F: Welchen Make-up-Trend magst du überhaupt nicht?

A: Ich nenne es Concealer-Lippen, also das Auftragen von extrem hellem Lippenstift.

F: Für welche Anlässe schminkst du dich besonders gerne?

A: Für Date-Abende mit meinem Freund. Ich mag es, mich herauszuputzen. Sonst natürlich auch für Halloween-Partys!

F: Welche Lidschattenfarbe benutzt du am liebsten?

A: Etwas langweilig, aber im Alltag tatsächlich Brauntöne.

F: Was liebst du am meisten an deinem Job als Make-up-Influencerin?

A: Das ich mein Hobby, meine Leidenschaft, zum Beruf machen konnte. Außerdem fühle ich mich durch meine große Online-Community nie einsam.

Danke

Wenn du diese Zeilen liest, hältst du mein langersehntes Buch in deinen Händen. Du bist wahrscheinlich einer der Gründe, warum dieses Buch überhaupt existiert!

Zuerst möchte ich meiner treuen Community und meinen Zuschauern danken. Ihr motiviert mich ständig, neue Projekte wie dieses zu verwirklichen. Eure täglichen Fragen, Anregungen und Hinweise inspirieren mich. Es ist unglaublich, wie sehr ihr mein Leben auf den Kopf gestellt habt. Ihr gebt mir die Motivation und das Selbstvertrauen, mich kreativ auszuleben und Neues zu wagen. Ich bin jeden Tag dankbar dafür, euch zu haben. Dieses Buch ist für euch.

Ein großes Dankeschön geht auch an meine Familie und meine Freunde, die stets an mich glauben, mich ermutigen und mich bei diesem Buchprojekt unterstützt haben. Ihr seid einfach die Besten! Danke, Mama, nicht nur für deine Hilfe beim Aufräumen meines Schminktischs, sondern auch dafür, dass du immer für mich da bist. Papa, danke für deine tägliche Unterstützung und Ermutigung. Du bist mein Ruhepol und meine größte Stütze. Ein Dankeschön auch an meine Schwester und meinen Freund – einfach dafür, dass ihr in meinem Leben seid!

Ein weiterer Dank geht an das wunderbare Team der *edition a*. Ohne euer Engagement und eure professionelle Arbeit wäre dieses Buch niemals entstanden. Ein besonderer Dank geht an Sophia für die herausragende Unterstützung beim Schreiben, Elisabeth für die beeindruckenden Bilder und ihr geschicktes Auge während der Shootings, Bastian für die grafische Gestaltung des Buches, Anja für die Planung der Veranstaltungen und Romel für die ursprüngliche Buchidee.

Zusammenfassend: DANKE!!! Ihr seid die besten Leser der Welt!